WEGE ZUM
AUSDRUCKSSTARKEN
MALEN

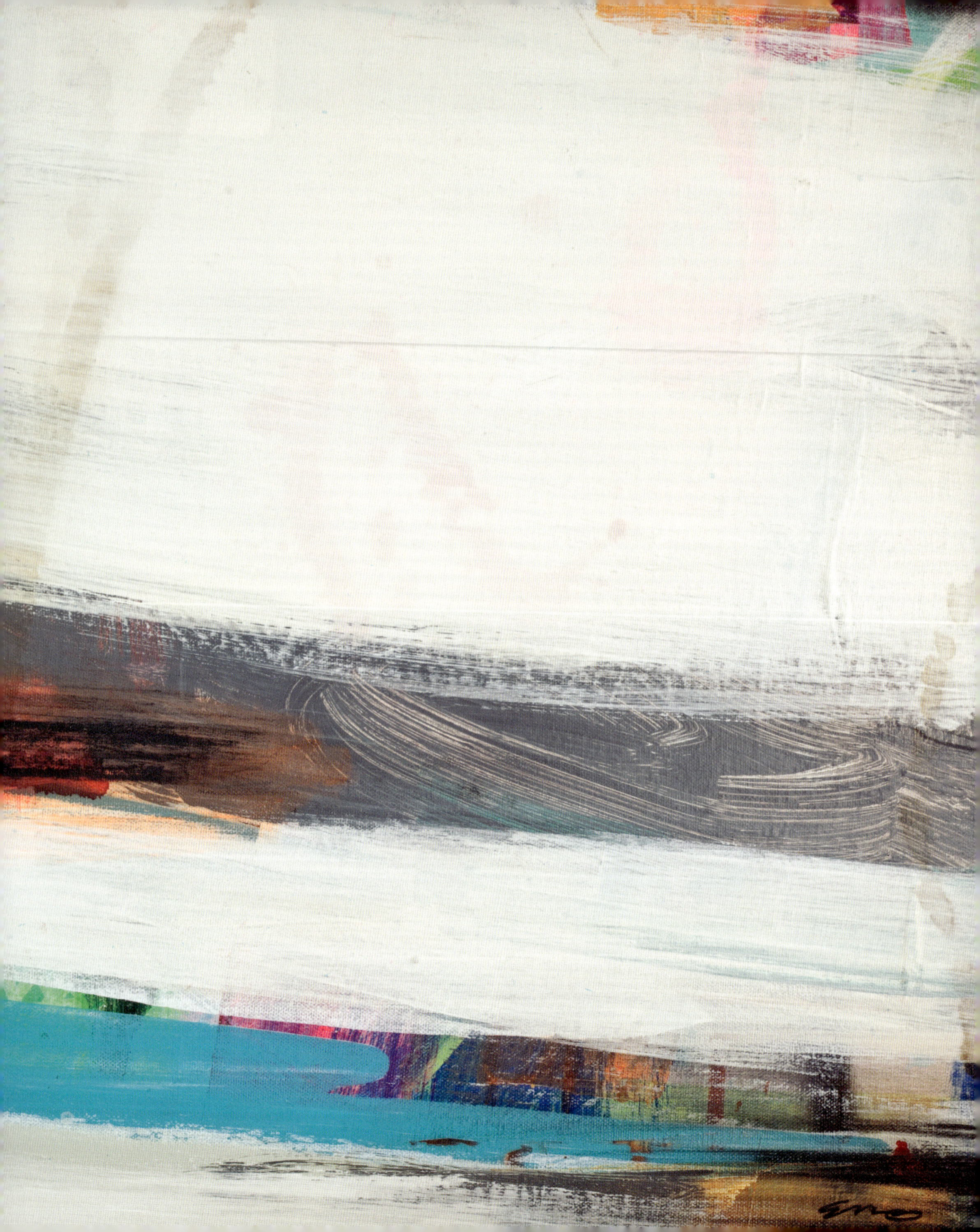

WEGE ZUM AUSDRUCKSSTARKEN MALEN

18 KREATIVE ERKUNDUNGEN IN FARBE, KOMPOSITION, ABSTRAKTION UND MIXED MEDIA

EVA MAGILL-OLIVER

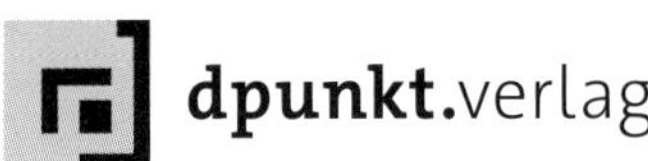

Übersetzung: Elvira Willems
Lektorat und Copy-Editing: Barbara Lauer
Fotos: S. 30 f., 66 f., 96 f.: Eva Magill-Oliver, S. 44: Shutterstock, alle übrigen Christina Wedge Photography
Satz: Petra Strauch
Herstellung: Stefanie Weidner
Umschlaggestaltung: Janine May

Bibliografische Information der Deutschen Nationalbibliothek
Die Deutsche Nationalbibliothek verzeichnet diese Publikation in der Deutschen Nationalbibliografie; detaillierte bibliografische Daten sind im Internet über http://dnb.d-nb.de abrufbar.

ISBN:
Print 978-3-86490-639-8

1. Auflage 2019

Wieblinger Weg 17
69123 Heidelberg

Title of American original: Paint alchemy
Published by Quarry Books, an imprint of Quarto Publishing Group USA Inc.
ISBN 978-1-63159-596-7

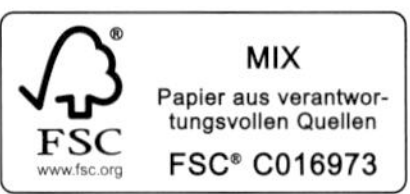

Übersetzung Zitate:
S. 43: Evelyn Benesch, Ingried Brugger (Hrsg.): Miró. Später Rebell (Ausstellungskatalog), Wien 2001, S. 48, gefunden auf: https://artinwords.de/miro-spaete-werke/ abgerufen am 24.11.2018
S. 105: Henri Matisse: Über Kunst. Hrsg. von Jack D. Flam. Deutsch von Elisabeth Hammer-Kraft. Diogenes Verlag 1982, S. 182
S. 111: Mark Rothko: Schriften 1934-1969. Essays, Briefe, Interviews. Hrsg. von Miguel López-Remiro. Deutsch von Tarek Goldmann. Verlag Kurt Liebig 2008, S. 148 f.
Alle übrigen Elvira Willems

5 4 3 2 1 0

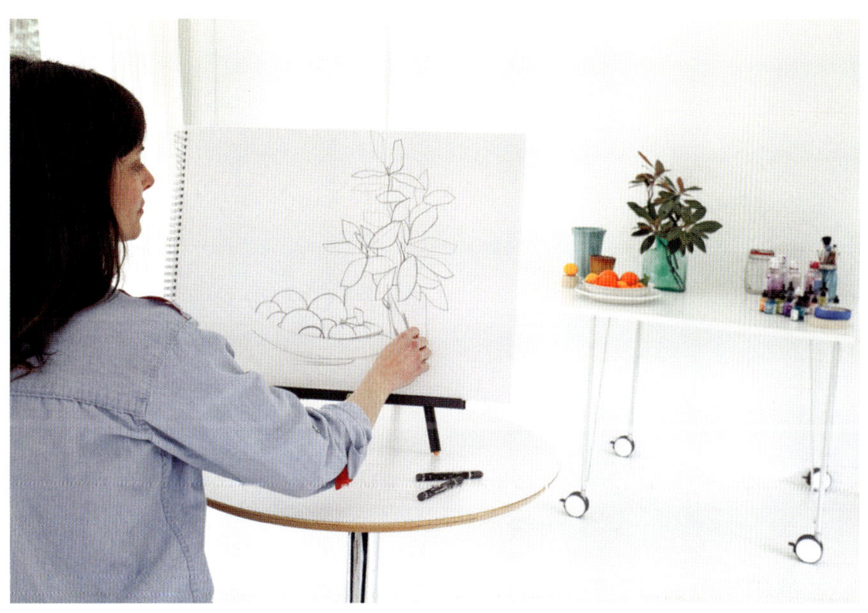

Für meine Familie

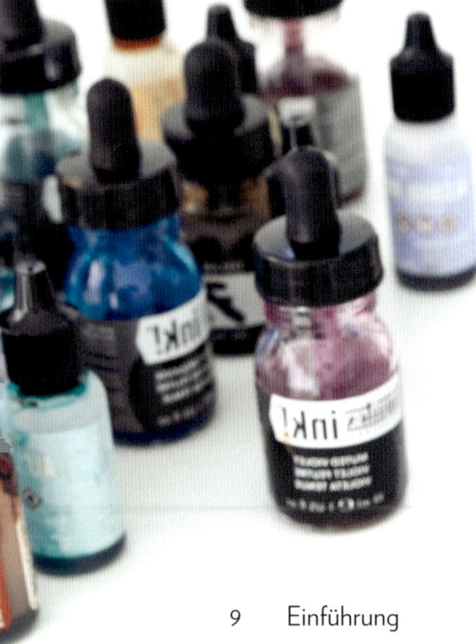

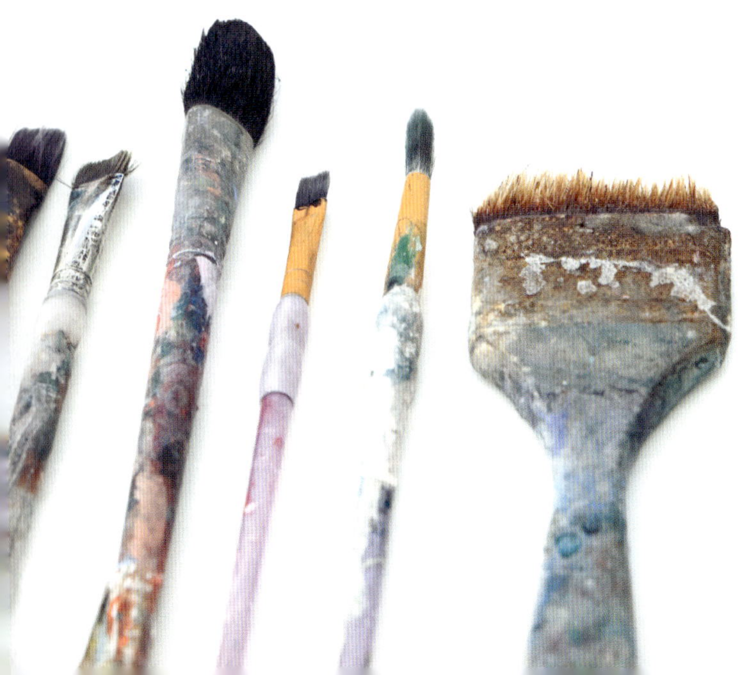

Inhalt

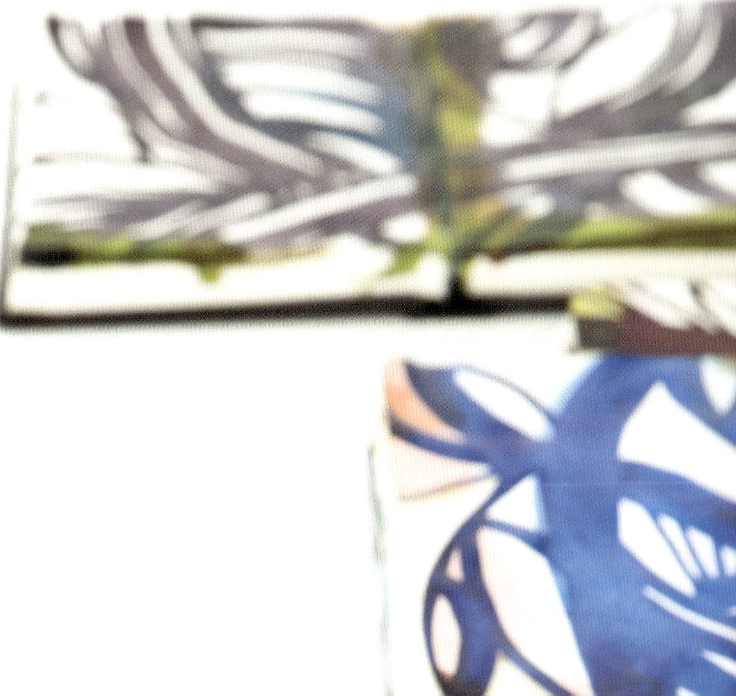

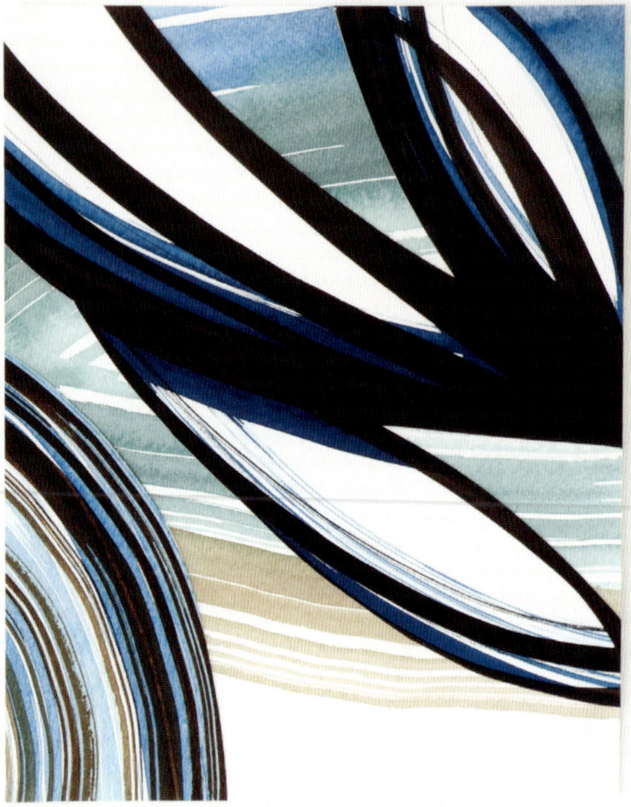

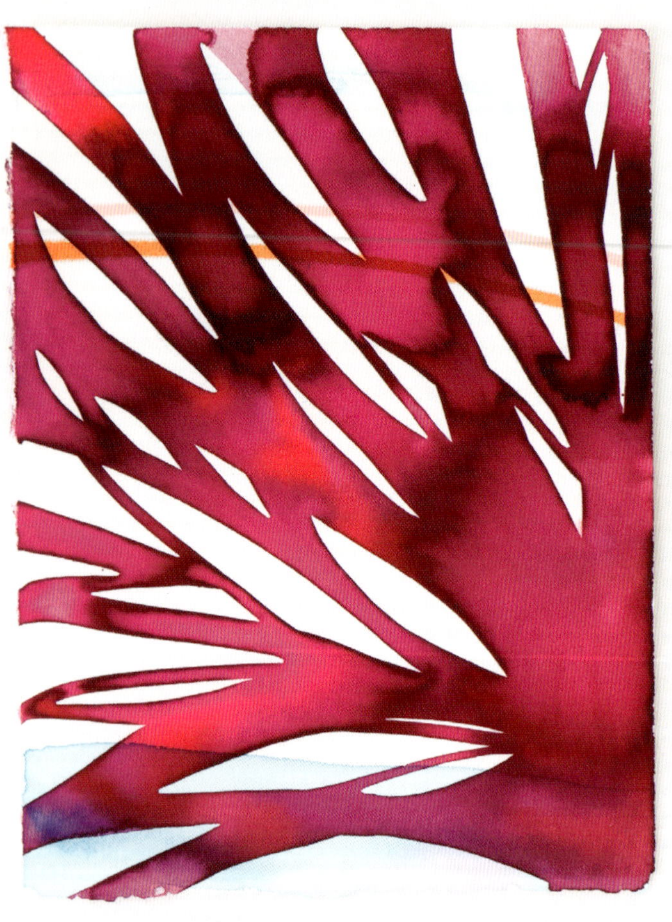

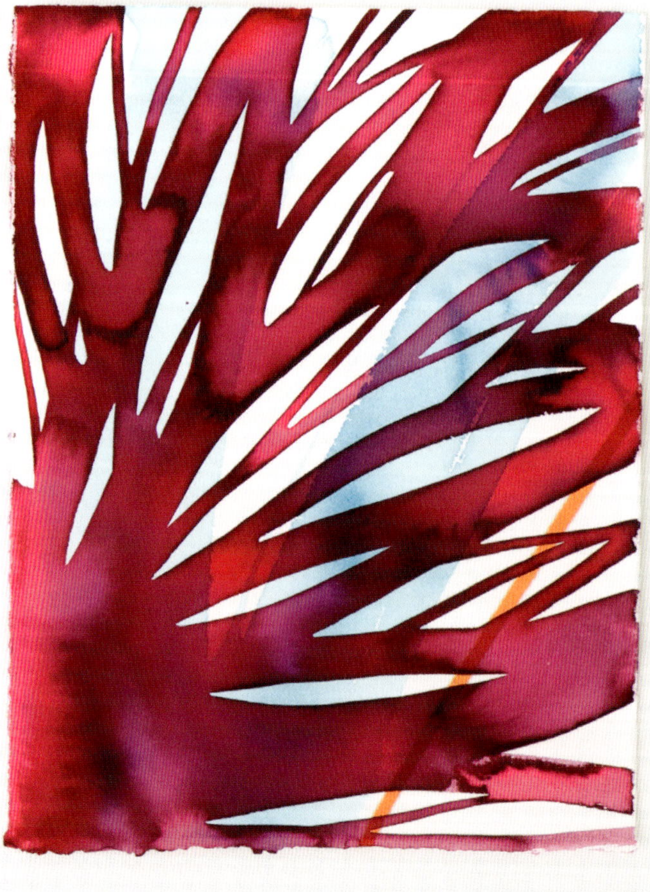

Einführung

»Der Gedanken an Kunst ist eng verknüpft mit dem an Schönheit. Schönheit ist das Geheimnis des Lebens. Sie liegt nicht im Auge, sie liegt in der Seele. In unsere Seelen ist ein Bewusstsein von Vollkommenheit eingeschrieben.«

AGNES MARTIN

Nach meinem Bachelor of Fine Arts arbeitete ich zunächst bei einem Kunstverlag in Atlanta. Damals fand ich den Job nicht besonders aufregend. Jeden Tag schuf ich Kunst, die ich oft nicht mochte und von mir aus nicht gemacht hätte, und besaß obendrein nicht die Rechte an dem, was ich dort kreierte. Ich hatte davon geträumt, nach dem College eine richtige Künstlerin zu werden, von einer Galerie vertreten; an so etwas wie eine bessere Kunstfabrik hatte ich nicht gedacht. Doch rückblickend bin ich mehr als dankbar für die Zeit.

Jeden Tag konnte ich dort Seite an Seite mit talentierten und bemerkenswert kreativen Menschen malen und Neues ersinnen. Jetzt sehe ich, wie kostbar diese Erfahrung war und wie viel ich dort über Materialien, Inhalte, Gestaltung und den künstlerischen Prozess lernte. Ich arbeitete außerhalb meiner Komfortzone. Jeder Auftrag war eine neue Herausforderung, einen Weg zu finden, damit ein vorgegebenes Konzept funktionierte. Obendrein profitierte ich davon, dass meine Kolleginnen und Kollegen mich inspirierten, mir jeden Tag etwas beibrachten und wir zusammen mit Materialien experimentierten. Diese Zeit war quasi eine Fortsetzung meiner Ausbildung. Ich erwähne das hier, weil viele Übungen in diesem Buch aus jener Zeit stammen – einer Zeit, in der ich die Freiheit hatte, bei der Arbeit zu experimentieren und zu lernen, und das dabei erworbene Wissen in mein künstlerisches Schaffen einzubringen.

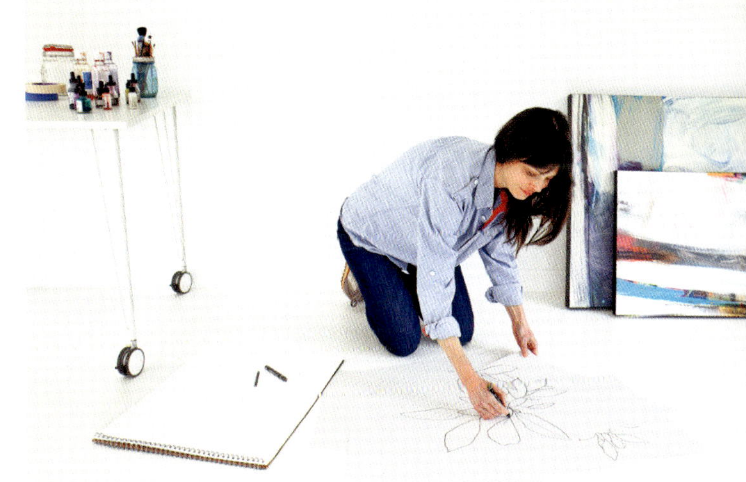

Ich bin aus demselben Grund Künstlerin geworden wie viele andere: Weil ich als Künstlerin eine Stimme habe, die ich sonst nicht habe. Es ist eine Form des Selbstausdrucks, die sich unablässig verändert, wie man selbst. Zudem kann ich als Künstlerin aus dem Nichts etwas schaffen. Was für ein Geschenk! Die Möglichkeit, mich andern gegenüber unabhängig von Sprache, Kultur oder Altersunterschieden auszudrücken, motiviert mich, konzentriert und leidenschaftlich bei der Sache zu bleiben.

Die Weisheit und das Wissen, das Sie in dem Prozess erwerben, sind der Motor, ob Sie Neuling sind oder schon Ihr ganzes Leben lang Kunst machen. Das ist so simpel wie wahr. In diesem Buch möchte ich etwas von dem über die Jahre erworbenen Wissen um den schöpferischen Prozess weitergeben. Und ich möchte zeigen, dass es unendlich viele Möglichkeiten gibt, Kunst zu betrachten und zu schaffen. Eines meiner Lieblingszitate meines Professors Richard Olsen lautet: »In der Kunst gilt: 1 + 1 = 3.«

Fünf Prinzipien der Gestaltung

Mein Antrieb ist das Bemühen um gute Gestaltung, das den Schaffensprozess selbst so faszinierend und lohnend macht wie das Ergebnis. Ich mag Alice Rawsthorns schlichte Definition guter Gestaltung aus der New York Times: »Gute Gestaltung zeichnet sich auch heute noch dadurch aus, dass sie einfach ihre Funktion erfüllt.« Ich denke, das gilt auch für Malerei und andere Künste. Um gute Gestaltung zu erreichen, sollten Sie fünf Bereiche im Blick haben: Balance, Proportion, Rhythmus, Gewichtung und Geschlossenheit.

Ich ringe leidenschaftlich darum, wie ich mich am besten ausdrücken kann, wie ich ein Objekt realistisch wiedergeben oder in meiner Kunst Energie, Bewegtheit und Gefühl hervorrufen kann. Sobald ein Werk fertig ist, fange ich mit dem Nächsten an, denn jedes ist wie ein Geheimnis oder Rätsel, das es zu lösen gilt. Es gibt immer etwas Neues zu sagen oder auszudrücken, das unablässig den Wunsch entzündet, zu malen, zu schaffen und zu erfinden.

In diesem Buch erkläre ich eine Reihe von Techniken und Herangehensweisen, die für erfahrene Maler genauso hilfreich sind wie für die, die ihre künstlerische Reise eben erst antreten. Ich plädiere dafür, die eigenen Absichten und Einstellungen zu Techniken und Gestaltung regelmäßig zu überdenken. Zeit in die Beherrschung künstlerischer Techniken zu investieren ist eine lohnende künstlerische und persönliche Erfahrung. Hier geht es um abstrakte Techniken, von denen Sie auch beim Schaffen gegenständlicher Kunst profitieren.

Ein Professor hat mir einmal gesagt, wirklich gemalt habe man erst, wenn man mindestens hundert Bilder gemalt habe. Sollte heißen, dass man sich nur durch den Prozess des Schaffens von Kunst zum Künstler bzw. zur Künstlerin entwickelt. Das Endprodukt bieten wir dem Betrachter dar. Es liegt in unserer Verantwortung, eine künstlerische Vision zu entwickeln und sie zu vermitteln, während wir uns gleichzeitig technisch weiterentwickeln und ein persönliches kreatives Inventar aufbauen.

Genau dabei wird dieses Buch Ihnen helfen. Jedes Kapitel erforscht einen anderen Aspekt des künstlerischen Prozesses und der Gestaltung. Stöbern Sie in diesem Buch, nutzen Sie die Übungen als visuelle Referenzen und Anleitungen, lassen Sie sich auf Ihrem ganz persönlichen kreativen Weg führen, inspirieren und motivieren.

Ich würde mich freuen, wenn das Buch Sie zu neuen Ideen und kreativen Gedanken anspornt und Ihnen hilft, Ihren eigenen einzigartigen künstlerischen Prozess zu verstehen und wertzuschätzen. Ich wünsche Ihnen viel Erfolg und Freude!

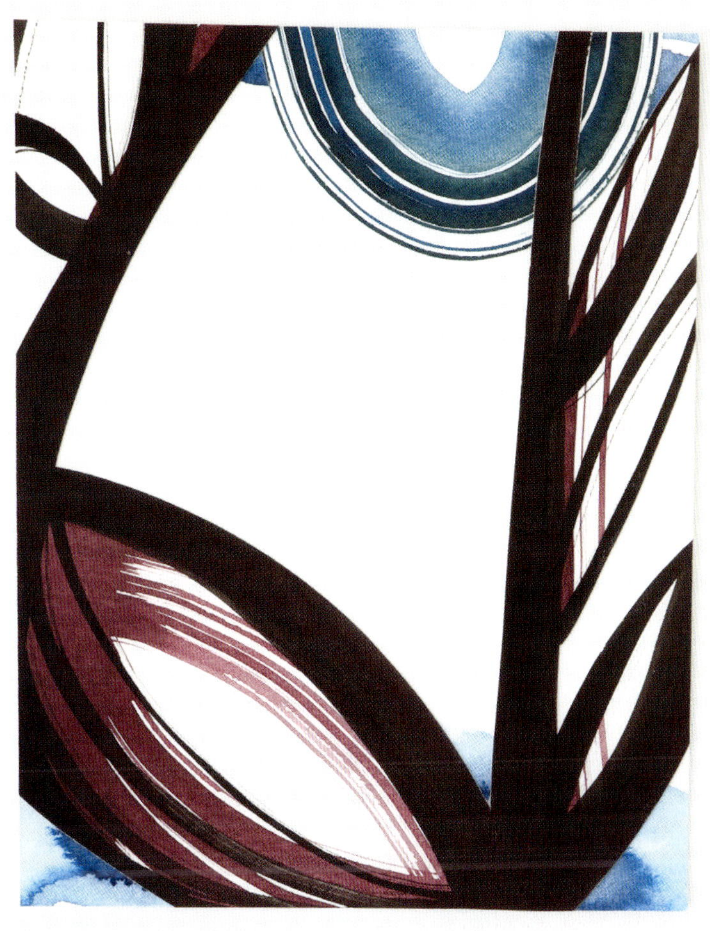

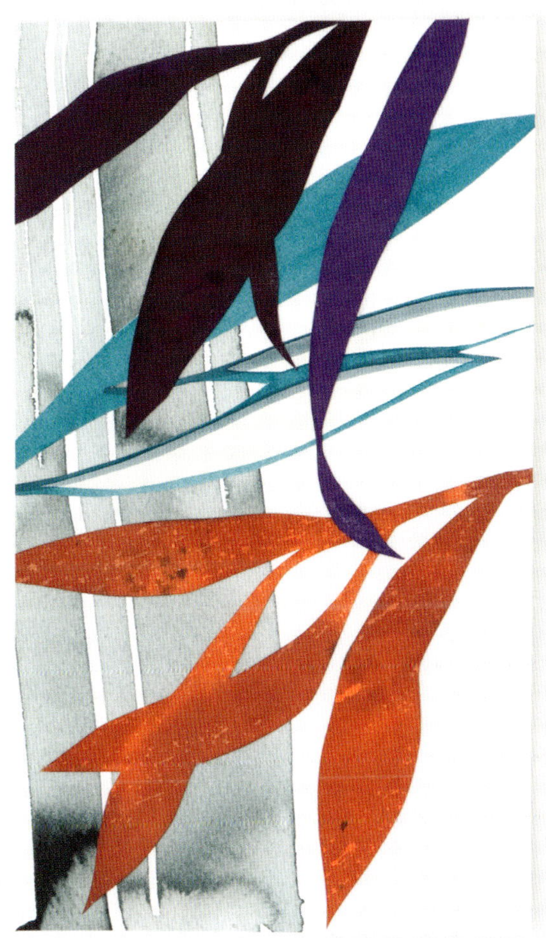

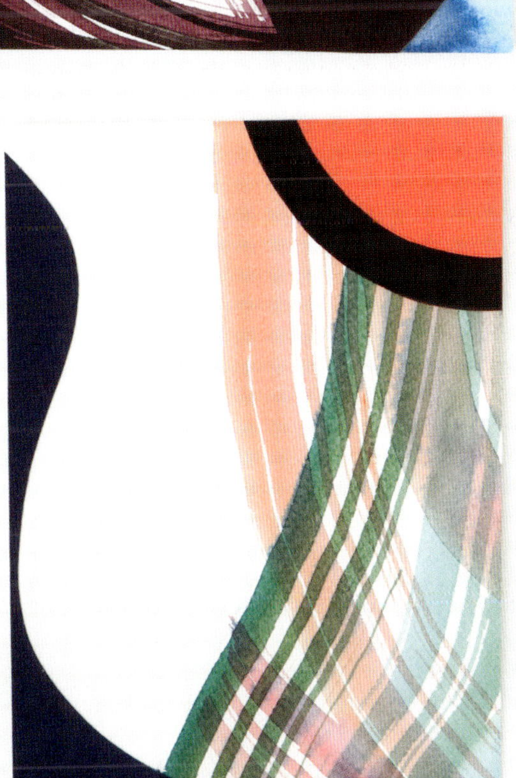

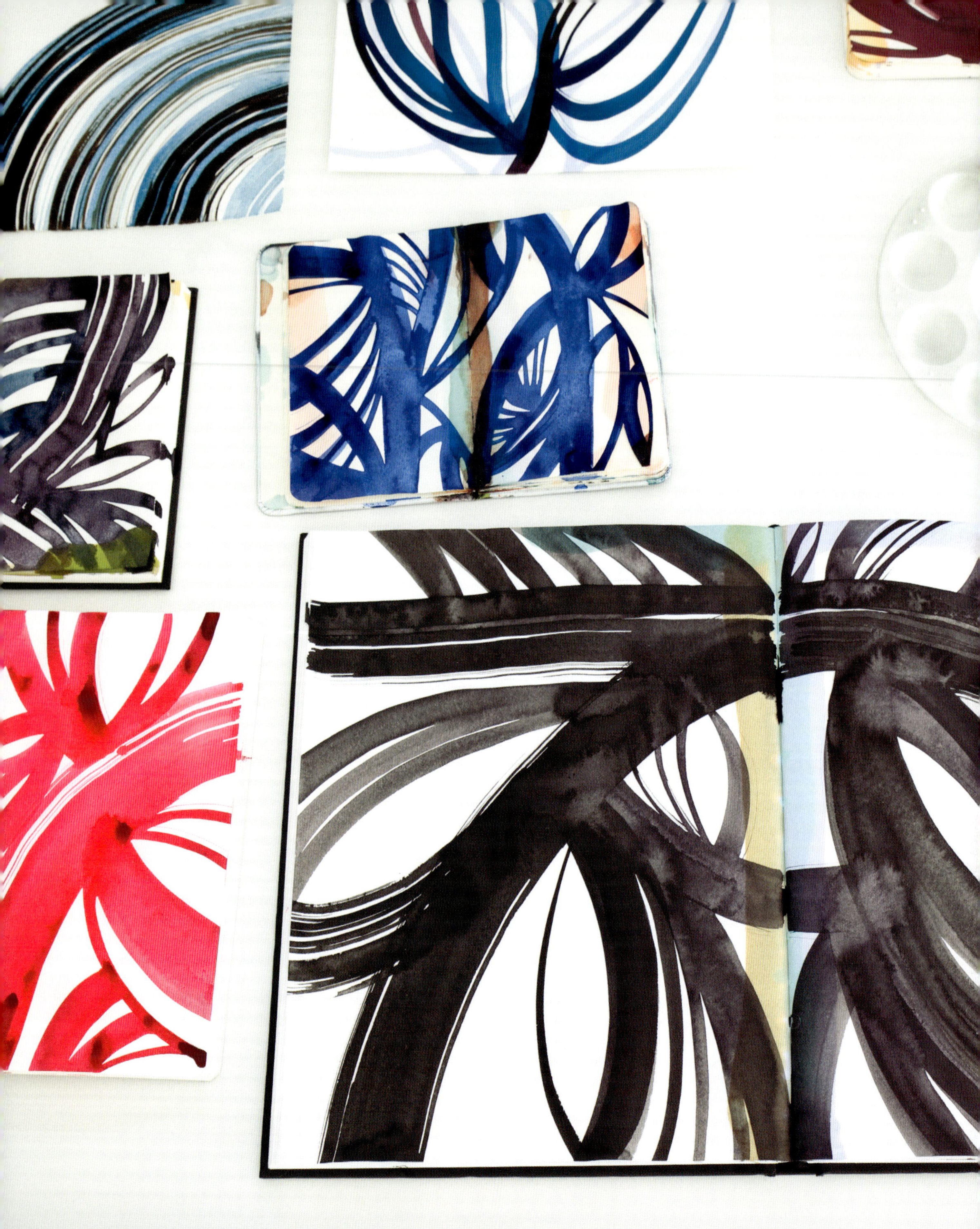

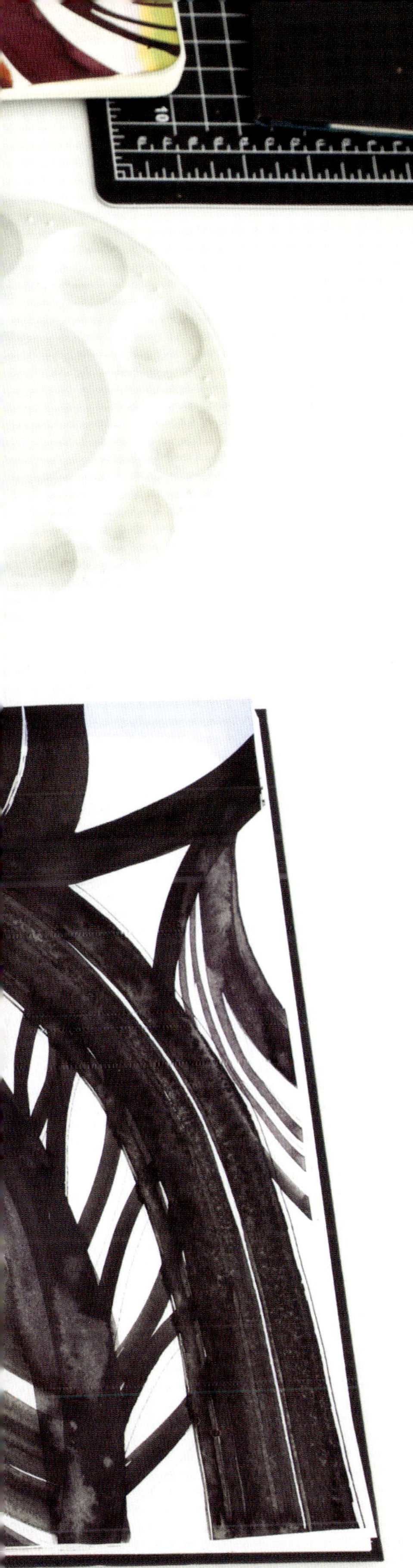

1. KAPITEL

ROUTINE ENTWICKELN

»Inspiration ist etwas für Amateure. Wir anderen machen uns einfach an die Arbeit. Wer darauf wartet, dass die Wolken sich teilen und ein Blitz herniederfährt, kriegt nicht viel getan. Die besten Ideen erwachsen aus dem Prozess, sie kommen aus der Arbeit selbst. Dann fallen einem Dinge bei.«

CHUCK CLOSE

Ich arbeite seit sechzehn Jahren als Künstlerin. Schon als kleines Mädchen habe ich mich für Kunst interessiert, Kurse in Öl-, Aquarell- und Acrylmalerei besucht und dabei mit verschiedenen Materialien gearbeitet.

Auf den folgenden Seiten zeige ich Ihnen, wie mein Arbeitsplatz eingerichtet ist und welche wichtigen Materialien und Werkzeuge ich immer griffbereit halte. Die allermeisten sind erschwinglich und leicht zu finden, entweder vor Ort oder online. Bei Künstlermaterialien gibt es eine riesige Preisspanne, und preiswert bedeutet nicht automatisch von minderer Qualität. So sehe ich bei Acryl- und Aquarellfarben in der Regel kaum Unterschiede zwischen den verschiedenen Marken. Ölfarben dagegen enthalten zum Teil sehr seltene Pigmente, etwa Kadmium, weshalb sie deutlich teurer sind. Wenn Sie sich bei Ihren Farben auf die wasserbasierten Sorten beschränken, können Sie die Kosten für Ihre Materialien auf einem erschwinglichen Niveau halten.

Den Arbeitsplatz vorbereiten

Ich male am liebsten im Stehen, denn so habe ich einen größeren Bewegungsspielraum. Acrylfarben, Aquarellfarben und Tuschen trocknen ziemlich schnell; da ist es gut, sich beim Arbeiten einfach um den Bildträger herumbewegen zu können.

Im Stehen kann ich leicht einen Schritt zurücktreten und um das Bild herumgehen, um meine Fortschritte aus verschiedenen Perspektiven zu betrachten. Sie sollten Ihr Werk immer in seiner Gesamtheit im Blick haben und sich nicht nur auf einen Bereich konzentrieren. Die Ausgewogenheit des Ganzen sollte beim Schaffen im Vordergrund stehen.

Ich arbeite entweder auf dem Boden oder an einem hüfthohen Arbeitstisch im Stehen. Mal- und Zeichenwerkzeuge liegen auf dem Tisch in Griffweite, unter anderem (aber nicht nur) Bleistifte, Radiergummis, Filzstifte und Tuschen. Die meisten Farben verwahre ich woanders, um einen Bereich im Atelier sauber und farbfrei zu halten.

Mit Abdeckplanen aus dem Heimwerkermarkt lassen sich Boden und Tisch leicht schützen. Oft stehe ich auf auseinandergeschnittenen Pappkartons, die, wenn sie schmutzig und voller Farbe sind, zusammengefaltet und recycelt werden können.

Arbeiten Sie immer in einem gut durchlüfteten Raum oder, wenn möglich, im Freien. Dort verfliegen die Farbausdünstungen schneller, und darüber hinaus haben Sie natürliches Licht, perfekt zum Malen. Lampen oder Leuchtstoffröhren verändern die Farben, geben ihnen einen Gelb- oder Blaustich oder lassen sie flach erscheinen. Wenn Sie bei künstlichem Licht arbeiten müssen, betrachten Sie Ihre Fortschritte immer unter natürlichem Licht, bevor Sie Entscheidungen bezüglich der Farben treffen.

Materialien

Hier finden Sie einen ersten Überblick über alle Materialien, die ich im Atelier benutze. Die Standardmaterialien (siehe rechts) brauchen Sie für die Übungen in diesem Buch. Was ich unter »Besondere und unkonventionelle Materialien« (siehe Seite 17) aufliste, benutze und empfehle ich im Allgemeinen; es ist für die Übungen aber nicht notwendig. Alle Materialien finden Sie in Künstlerbedarfsläden, Heimwerkerläden, online und im Supermarkt (z. B. Kaffee, Salz, Tee, Trinkhalme etc.).

Standardfarben und -tuschen

Acrylfarben und -tuschen benutze ich am häufigsten, weil sie vielseitig und relativ preiswert sind, zudem nicht so giftig wie Ölfarben. Es gibt sie in vielen verschiedenen Farbtönen. Beides sind Farben auf Wasserbasis, und man kann sie zusammen benutzen, doch austauschbar sind sie nicht, denn sie unterscheiden sich sehr in ihrer Viskosität. Normalerweise benutze ich eine Art; wenn ich beide verwende, mische ich sie nicht, sondern bringe sie in Schichten auf. Tusche trocknet rascher als Acrylfarbe, sie dringt schneller ins Papier ein. Bei Acrylfarbe hat man ein wenig mehr Zeit für den Auftrag, bevor das Wasser verdunstet und nur Pigmente und Bindemittel zurückbleiben.

→ **CHINESISCHE TUSCHEN** haben starke, leuchtende Farbe; sie können mit Wasser verdünnt und aufgehellt werden, sind wasserfest und haften auf fast allen Oberflächen. Die farbigen Ausziehtuschen sind, ähnlich wie Aquarellfarben, transparent, doch das Schwarz ist deckend, ideal zum Zeichnen.

→ **AQUARELLFARBEN** sind wasserlöslich, es gibt sie in Tuben und Näpfen. Die meisten Aquarellfarben sind transparent, doch sie weisen nicht so eine hohe Pigmentkonzentration auf wie Tuschen. Es gibt geringe Unterschiede zwischen Tuben und Näpfen, doch das ist letztlich eine Frage persönlicher Vorliebe. Die Farben aus den Tuben können ein wenig leuchtender sein, doch im Allgemeinen sind sie auch teurer. Näpfe sind leichter zu transportieren.

→ **ACRYLFARBEN** gibt es in einer großen Vielzahl von Farbtönen in Tuben oder Flaschen. Die Marken reichen von Bastelfarben, die normalerweise in Flaschen angeboten werden, bis hin zu Künstlerfarben, die man eher in Tuben bekommt. Ich benutze bei meiner Arbeit beides, wodurch ich eine riesige Auswahl an Farben habe, und es ist kein Problem, beide zu kombinieren. Die Farben aus der Tube haben oft eine dickere, cremigere Konsistenz, was gut ist, falls man Struktur will.

→ **FLÜSSIGE AQUARELLFARBEN** sind hoch konzentrierte Farben in satten Tönen. Ich arbeite viel damit, denn mich begeistert, wie kraftvoll und leuchtend die Farben beim Malen bleiben. Fügt man ihnen Wasser bei, hellen sich Aquarellfarben zu pastelligeren Tönen auf.

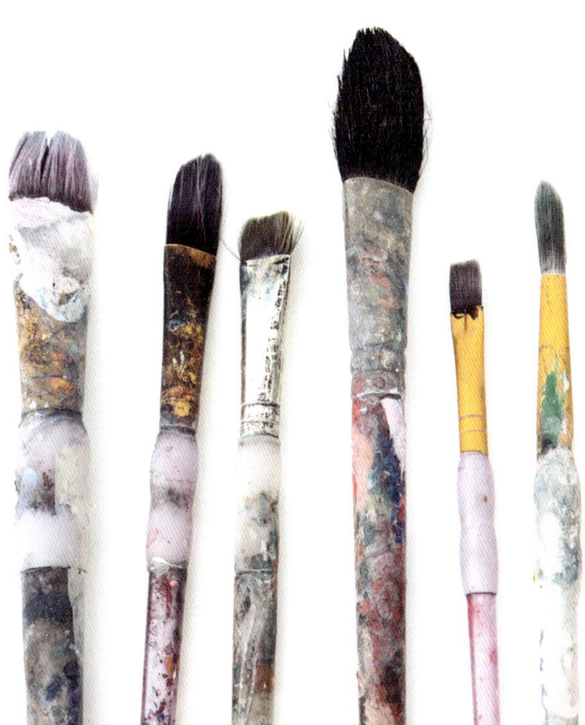

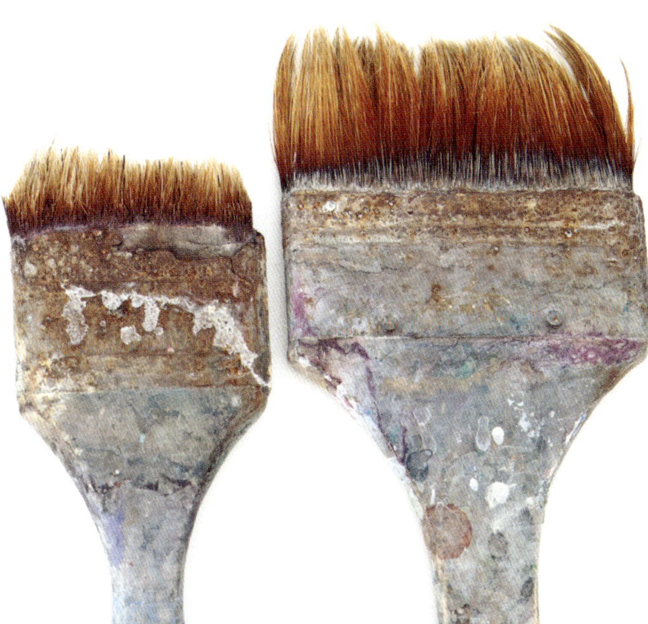

Pinsel

Künstlerpinsel gibt es in verschiedenen Größen und Formen. Ich bevorzuge synthetische Haare, denn sie sind weicher als Naturhaarpinsel und viel preiswerter. Sie sind für Aquarellfarben, Tuschen und Acrylfarben verwendbar, sodass man nicht für jedes Medium einen anderen Satz Pinsel kaufen muss. Meistens male ich mit runden oder flachen Pinseln.

- **FLACHE WEICHE SYNTHETIKPINSEL** 2,5 bis 10 cm breit. Mit flachen Pinseln lassen sich große Bereiche rasch mit Farbe ausfüllen und kühne Striche ziehen. Die Kanten sind wunderbar für gerade Linien.
- **RUNDE WEICHE SYNTHETIKPINSEL** in den Größen 6, 10 und 12. Runde Pinsel sind vorne spitz und eigenen sich für detaillierteres Arbeiten, zum Ausfüllen kleinerer Bereiche, für Linien, deren Dicke variiert, sowie für Kurvenlinien.
- **KATZENZUNGENPINSEL** Größe 6. Dieser Pinsel ist eine Kombination aus rund und flach. Die Haare werden nach außen hin kürzer, sodass sich eine ovale Form ergibt. Dieser Pinsel ist bestens geeignet für Farbübergänge. Ich verwende ihn für weiche, organische Linien und Konturen.
- **FLACHE BORSTENPINSEL** 5 und 7,5 cm breit. Diese preiswerten Pinsel sind in den meisten Heimwerkerläden zu finden. Ein Nachteil ist, dass sie gern Borsten verlieren, also ziehen Sie, bevor Sie sie zum ersten Mal benutzen, das, was Sie mit den Händen greifen können, heraus. Dann fahren Sie mit dem Pinsel mehrmals über Schleifpapier, um lose Borsten zu entfernen.

TIPP ▸ Als Paletten für Öl- und Acrylfarben benutze ich zugeschnittene Acrylglaspatten aus dem Heimwerkerbedarf. Es gibt sie in vielen verschiedenen vorgeschnittenen Größen. Plexiglas hat den Vorteil, dass sich die Farbe leicht abwaschen oder -kratzen lässt und es am Ende recycelt werden kann.

Die wichtigsten Werkzeuge

Vieles, was hier genannt wird, ist in jedem Haushalt zu finden oder im Künstlerbedarfshandel zu erwerben (siehe Seite 117).

- Cutter mit Ersatzklingen
- Schere
- Schneidematte
- Bleistifte in 2B, 5B und 8B sowie Drehbleistift HB
- 2,5 cm breites Malerkrepp oder Abdeckband
- Permanentmarker
- Lineal
- Gummiwalze
- Wasserbehälter, z. B. Deckelgläser (prima Recycling!)
- Skizzenbücher mit Fadenheftung (keine Spiralbindung), denn so bleiben Ihre Kompositionen im Fluss und werden nicht über zwei getrennte Seiten zerstückelt. Meine Lieblingsgrößen sind 10 × 15 cm, 15 × 20 cm (ca. A5) und 21 × 28 cm (ca. A4). Kaufen Sie Skizzenbücher mit Multimedia-Papier oder rauem 300-Gramm-Aquarellpapier. Auf diesem Papier lässt sich gut mit Farben auf Wasserbasis arbeiten, weil es robust ist und

daher Korrekturen und wiederholten Farbauftrag verträgt.

- Blätter oder Bögen raues 300-Gramm-Aquarellpapier. Die Oberfläche dieses dicken Papiers hat eine reliefartige, körnige Struktur, die resolutes Arbeiten mit Wasser nicht übel nimmt.
- Grundierte Leinwände (25 × 25 cm, 28 × 35 cm und 46 × 61 cm und andere Größen je nach Vorliebe)
- Acrylglas, z. B. Plexiglas, als Palette (siehe Tipp auf der gegenüberliegenden Seite)
- Trockene Lappen oder Papierhandtücher
- Heavy Matte Gel oder Gel Medium

Spezielle Werkzeuge

Dies sind Dinge, die ich häufig benutze, die Sie aber für die Übungen in diesem Buch nicht unbedingt brauchen. Wenn Sie vorhaben, Ihre künstlerischen Aktivitäten auszubauen, empfehle ich Ihnen, in einige oder alle diese nützlichen Dinge zu investieren.

- Zwischenfixativ. Dieses Spray verhindert, dass Bleistift verschmiert, und erlaubt Ihnen, das Bild zu überarbeiten.
- Malmesser
- Reißschiene
- Knetradiergummi
- Bleistiftspitzer
- Sprüh- oder Spritzflasche
- Taschenmesser. Um Farbe aufzutragen, Struktur zu erzeugen und alte Farbe von der Palette zu kratzen, damit die Oberfläche wieder glatt ist.

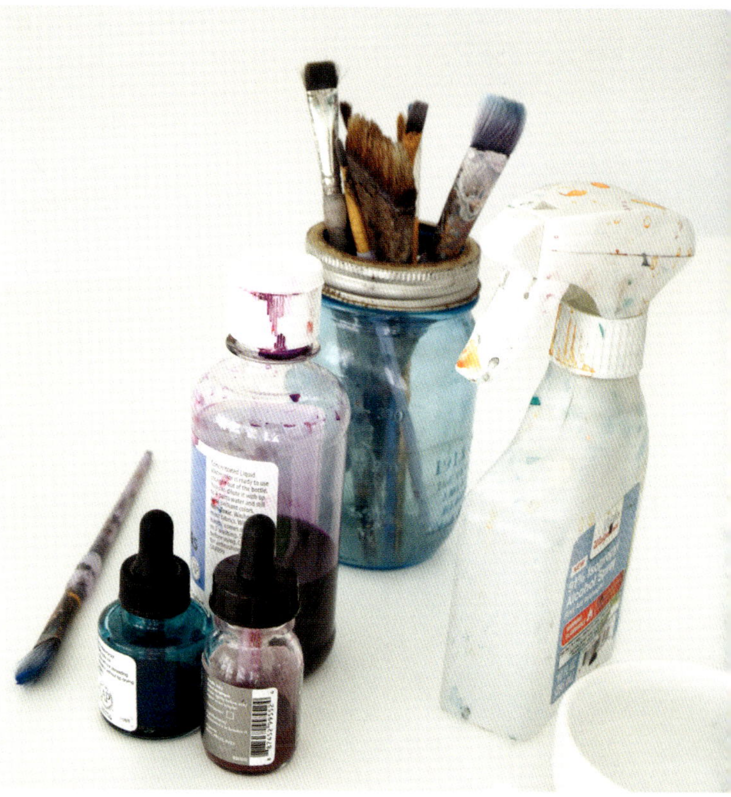

Unkonventionelle Materialien

Die meisten dieser Sachen sind in jedem Haushalt zu finden. Nehmen Sie die Liste als Ausgangsbasis, um Ihre eigene Materialiensammlung aufzubauen.

- Schwämme
- Scheuerbürsten
- Nähgarn oder Zwirn
- Reinigungsalkohol
- Sprühfarben
- Salz
- Trinkhalme
- Kaffee/Tee
- Holzbeize

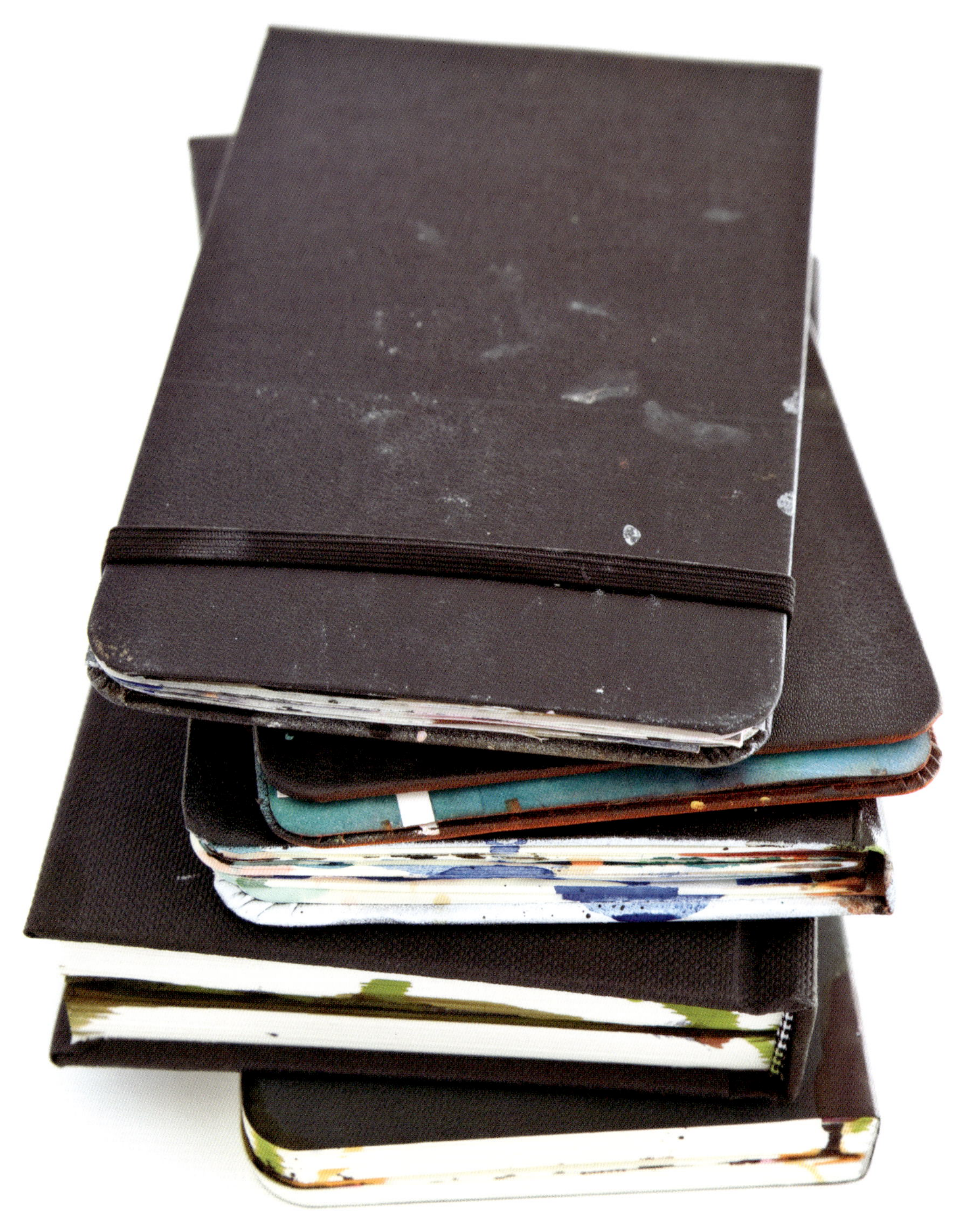

Skizzenbücher

Übung bekommen und Routine entwickeln

Künstlerjournale und Skizzenbücher sind wichtige Fundamente Ihres Künstlerlebens. Regelmäßiges Arbeiten im Skizzenbuch zentriert Sie und erlaubt Ihnen, frei von Kritik und Urteilen von außen, Ihr Künstler-Ich zu erforschen. Das macht es zum wichtigen künstlerischen Werkzeug, ob Sie gerade erst anfangen oder seit vielen Jahren zeichnen und malen.

Skizzenbücher bieten die Möglichkeit, auch dann kreativ zu sein, wenn die Umstände schwierig sind oder es nicht erlauben, in einem Atelier zu arbeiten. Mein Mann und ich lebten zu Beginn unserer Ehe ein paar Jahre in Paris. Es war geradezu absurd, in so einer inspirierenden Stadt mit ihrer reichen Kunstgeschichte zu leben und weder Zeit noch einen Ort zu haben, um künstlerisch tätig zu sein. Ich befand mich in einem Zustand der mentalen Übererregung, wollte ich doch so viel wie möglich von der Kultur aufsaugen, die Sprache lernen und das neue Leben im fremden Land meistern. Die Orte, die wir in Frankreich und ganz Europa bereisten, waren atemberaubend. Ich konnte in dieser Zeit nicht malen, aber ich habe unablässig gezeichnet sowie Ideen und Inspirationen gesammelt.

Es gab noch andere Zeiten in meinem Leben, in denen Malen einfach nicht drin war – zum Beispiel unmittelbar nach der Geburt meines Sohnes. Wie jede Mutter weiß, hat man im ersten Jahr mehr oder weniger nur eine einzige Aufgabe: Mutter zu sein. Doch sooft ich ein wenig Muße hatte, wandte ich mich meinem Skizzenbuch zu. Durch Ihre Skizzenbücher halten Sie, ungeachtet der äußeren Umstände, Verbindung mit Ihrem Künstlerleben.

Skizzenbücher sind privat. Kunst will gesehen, studiert und ausgestellt werden – verfügbar gemacht für alle, um sie zu betrachten und sich eine Meinung darüber zu bilden. Doch Ihr Skizzenbuch ist Ihr Heiligtum – Ihr sicherer Ort, wo Sie Ideen entwickeln, experimentieren und nachdenken können.

Ein wichtiger Teil des Künstlerdaseins ist die unablässige Suche nach neuen Ideen. Im Skizzenbuch können Sie diesen Prozess dokumentieren, überprüfen und weiterentwickeln.

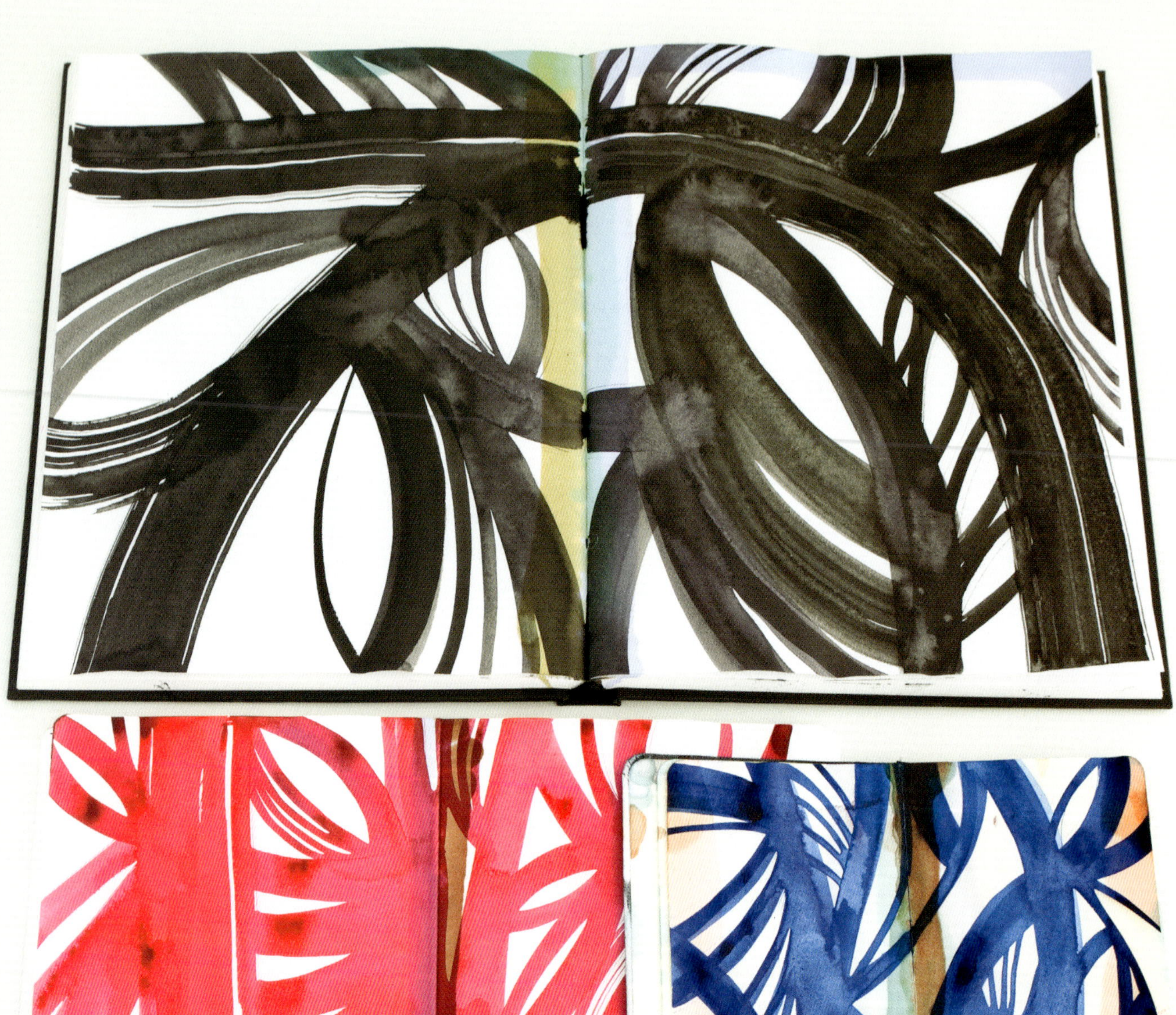

ÜBUNG 1

Kreatives Aufwärmen

Lassen Sie mit Markmaking Ihre Künstlermuskeln spielen

Manche schreiben und zeichnen nur in ihre Skizzenbücher. Ich liebe Mixed-Media-Kunst, was sich auch in meinem Skizzenbuch widerspiegelt. Für diese Übungen sollten Sie einige Skizzenbücher in verschiedenen Größen mit Aquarell- oder Mixed-Media-Papier kaufen. Machen Sie es sich zur Gewohnheit, mit einigen kreativen Aufwärmübungen im Skizzenbuch zu beginnen, sobald Sie Ihr Atelier betreten oder sich an die künstlerische Arbeit setzen.

MATERIAL

Skizzenbücher aus rauem 300-Gramm-Aquarellpapier oder Mixed-Media-Papier in verschiedenen Größen

Pinsel in verschiedenen Größen und Formen

Tusche in zwei oder drei verschiedenen Farben

Vorbereitungen

→ Arbeiten Sie mit mehreren Skizzenbüchern. So können Sie von einer Ideen zur anderen springen und Ihre Gedanken umsetzen, solange sie noch frisch sind.

→ Ich bevorzuge gebundene Skizzenbücher mit fest vernähten Seiten (statt Spiralbindung), denn darin können Sie die ganze Doppelseite als eine große Fläche nutzen, statt in der Mitte einen Spalt zu haben, der die Komposition deutlich trennt.

→ Benutzen Sie mindestens drei bis vier Pinsel in verschiedenen Formen und Größen, um das Markmaking zu variieren.

→ Wenn Sie sicherer werden im Auftragen von Farben und im Markmaking mit Pinseln, variieren Sie nicht nur die Pinselgröße, sondern auch den Winkel, in dem Sie den Pinsel halten, und den Druck, den Sie ausüben. Mit flachen Pinseln entstehen kühne, breite Linien, doch durch eine leichte Drehung des Handgelenks wird die Linie vollkommen neu und zarter.

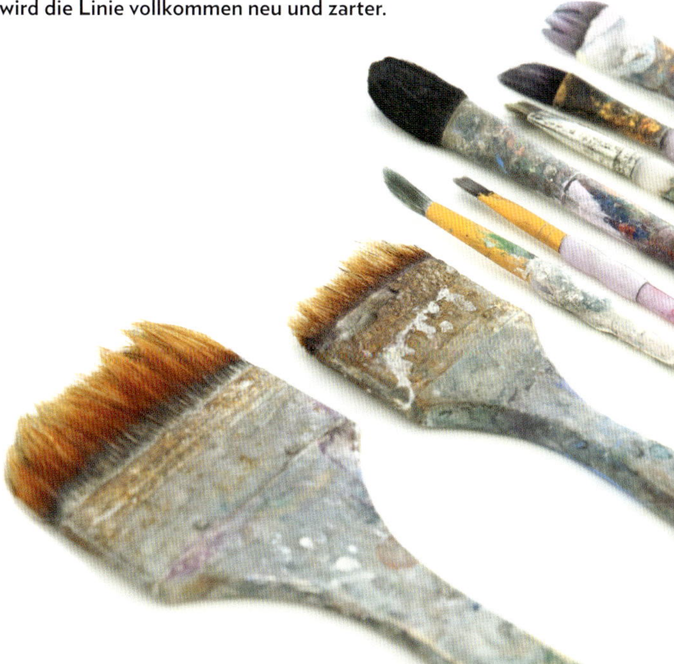

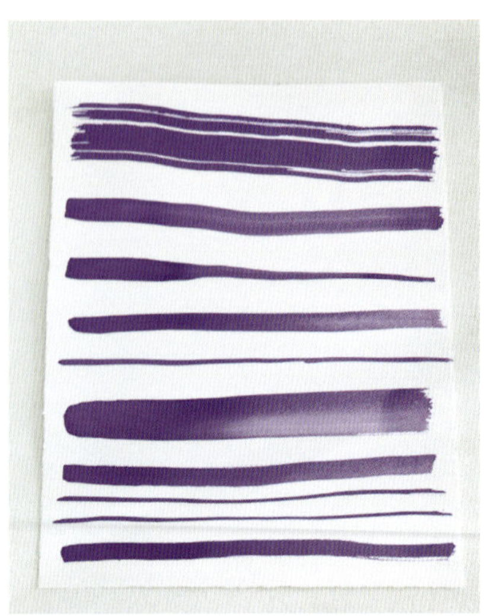

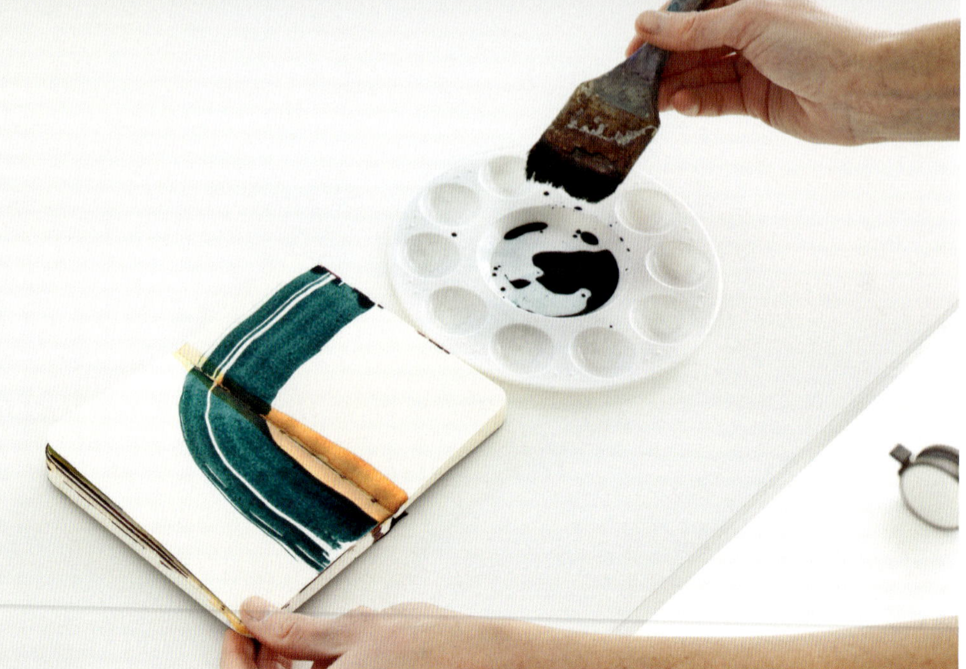

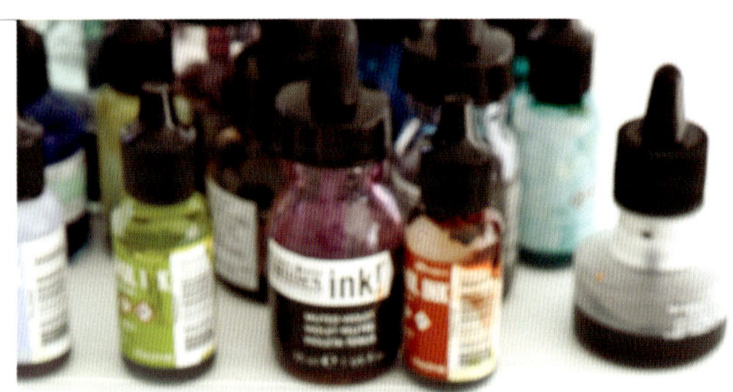

- Um eine saubere, satte Linie zu erhalten, nehmen Sie mit dem Pinsel so viel Tusche auf, bis er ordentlich mit Farbe gesättigt ist.
- Für die erste Übung sollten Sie nur eine oder zwei Farben benutzen, um nicht ins Stocken zu kommen und sich visuell nicht zwischen Farbe, Struktur und Kontrast zu verlieren.

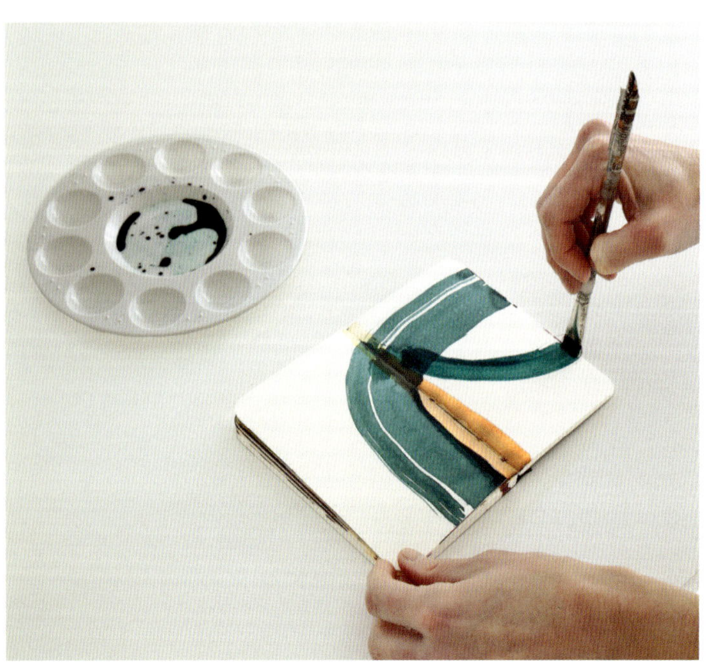

Durchführung

Fangen Sie mit einer Tusche an und bringen Sie Linien, Konturen und Spuren aufs Papier. Weil Tusche so schön flüssig ist, lassen sich leicht und schnell Linien und Formen erzeugen.

Bei dieser Übung wird nicht bewertet. Legen Sie los und machen Sie die erste Spur. Entscheiden Sie anhand der ersten, wie die zweite aussehen soll etc. Variieren Sie die Linien durch verschiedene Pinsel und wechselnde Bewegungsrichtungen. Ich ahme gern Konturen und Formen aus der Natur nach, doch jeder lässt sich von etwas anderem inspirieren. Wiederholen Sie diese Übung mit diversen Themen, etwa Architektur, die menschliche Gestalt, Muster, Innenräume und so weiter.

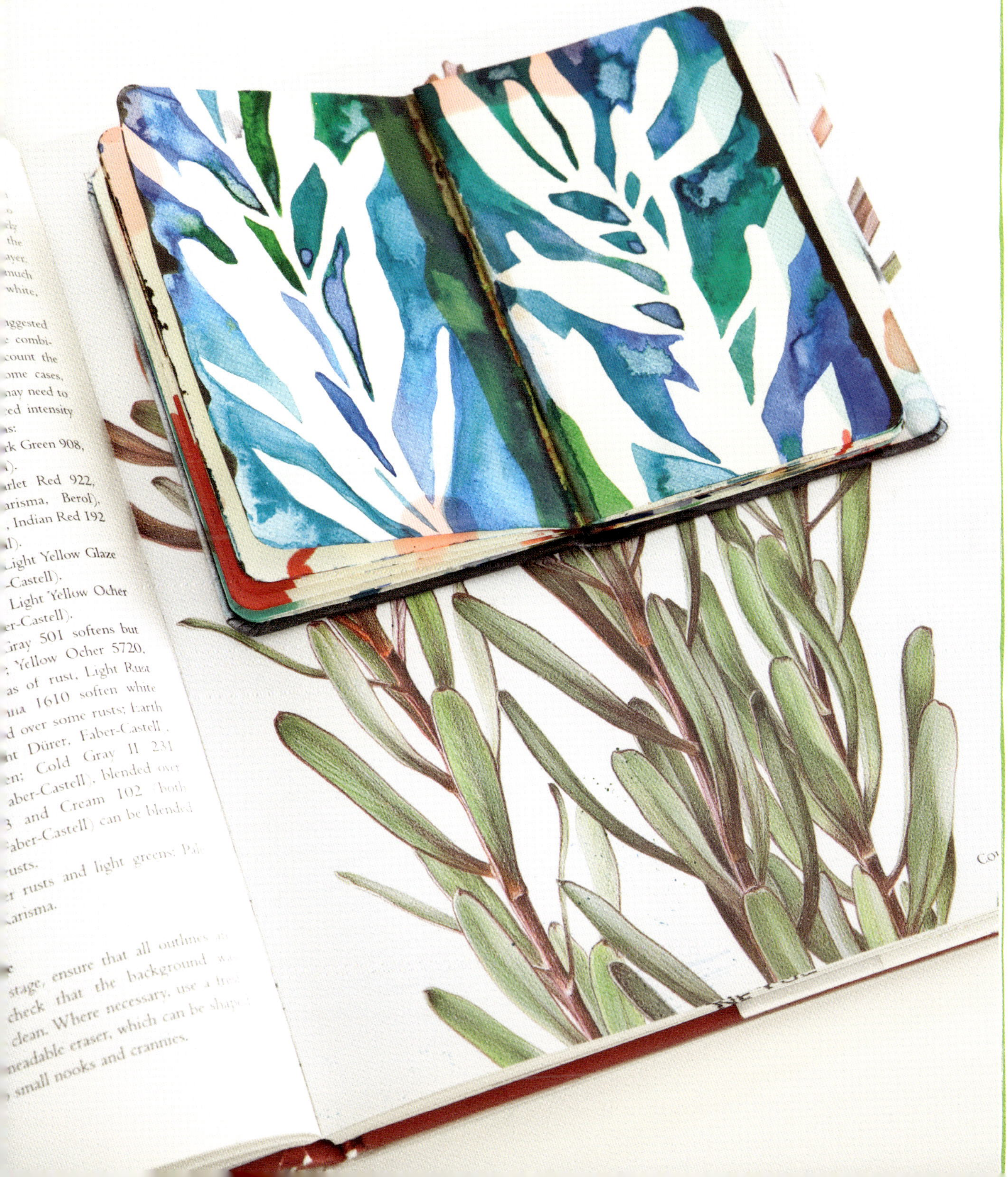

o
ely
the
ayer,
much
white,

iggested
e combi-
count the
ome cases,
nay need to
ed intensity
as:
k Green 908,
).
rlet Red 922,
arisma, Berol),
, Indian Red 192
l).
Light Yellow Glaze
-Castell).
Light Yellow Ocher
er-Castell).
Gray 501 softens but
; Yellow Ocher 5720,
as of rust. Light Rust
na 1610 soften white
d over some rusts; Earth
nt Dürer, Faber-Castell,
en; Cold Gray II 231
aber-Castell), blended over
3 and Cream 102 (both
Faber-Castell) can be blended
rusts.
r rusts and light greens: Pa
Carisma.

e
stage, ensure that all outlines a
check that the background wa
clean. Where necessary, use a fre
neadable eraser, which can be shape
small nooks and crannies.

Co

ÜBUNG 2

Das Skizzenbuch nutzen, um sich zu fokussieren

Inspirierende Bilder sammeln, arrangieren und darüber nachdenken

Das Skizzenbuch eignet sich auch wunderbar, um Bilder, Wörter, Farben und Ideen zu sammeln. Im Laufe eines Tages oder einer Woche hören, sehen und erleben Sie Dinge, die Sie aufregend oder bemerkenswert finden, über die Sie in dem Moment aber nicht gründlich nachdenken können. Das Skizzenbuch ist der perfekte Ort, um diese Inspirationen zu verwahren und sich später damit zu befassen.

Auch wenn darstellende Kunst hauptsächlich etwas für die Augen ist, haben Worte einen enormen Einfluss auf die eigene Arbeit. Ob Sie einen Traum notieren, einen Liedtext oder das, was Ihnen durch den Kopf geht, irgendwann entdecken Sie Querverbindungen und Zusammenhänge. Auch Zeitschriften sind eine fabelhafte Inspirationsquelle, denn sie sind immer auf dem Laufenden, was die neuesten Trends angeht, mit denen Sie experimentieren können. Und Sie können die Bilder darin für Ihr Skizzenbuch ausschneiden.

MATERIAL

mittelgroßes oder großes Skizzenbuch

Ausschnitte aus Zeitschriften, Farbproben, alte Fotos und Ähnliches

Pinsel in verschiedenem Größen und Formen

Vorbereitungen

Sammeln Sie für diese Übung verschiedene Papierschnipsel wie Zeitschriftenausschnitte, Farbmuster, alte Fotos oder schlicht Wörter und Gedanken.

Durchführung

- **Arrangieren Sie die Schnipsel auf einer Seite einer Doppelseite im Skizzenbuch so, dass es für Sie schlüssig ist. Während Sie das tun, stimmen Sie sich mental und visuell darauf ein, ein größeres Werk zu schaffen.**
- **Auf der gegenüberliegenden Seite sortieren und dechiffrieren Sie, was die Bilder für Sie bedeuten. Sie können eine Farbpalette**

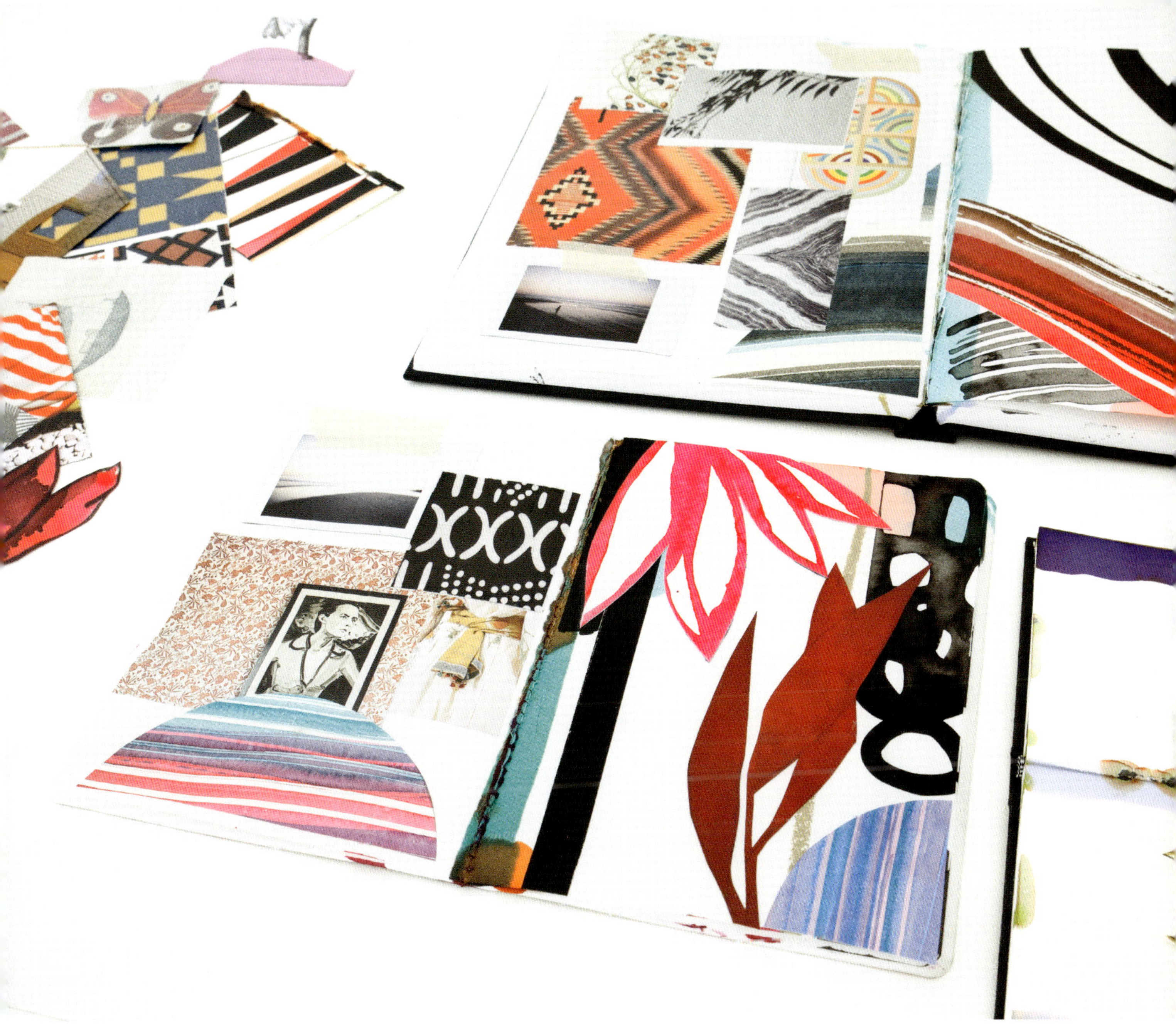

erstellen oder mit Spuren, Konturen und anderen Gesten Ihre Interpretation der Dinge festhalten.

→ **Notieren Sie Wörter und/oder Formulierungen zu den von Ihnen geschaffenen Bildern, über die Sie weiter nachdenken möchten.**

Dies ist eine wunderbare Übung, um frische, persönliche Ideen zu entfalten. So generieren Sie Ihre eigenen Inspirationen, statt sich darauf zu verlassen, dass etwas von außen den kreativen Funken zündet. Es hat etwas Beruhigendes zu wissen, dass die Ideen die ganze Zeit in Ihnen waren.

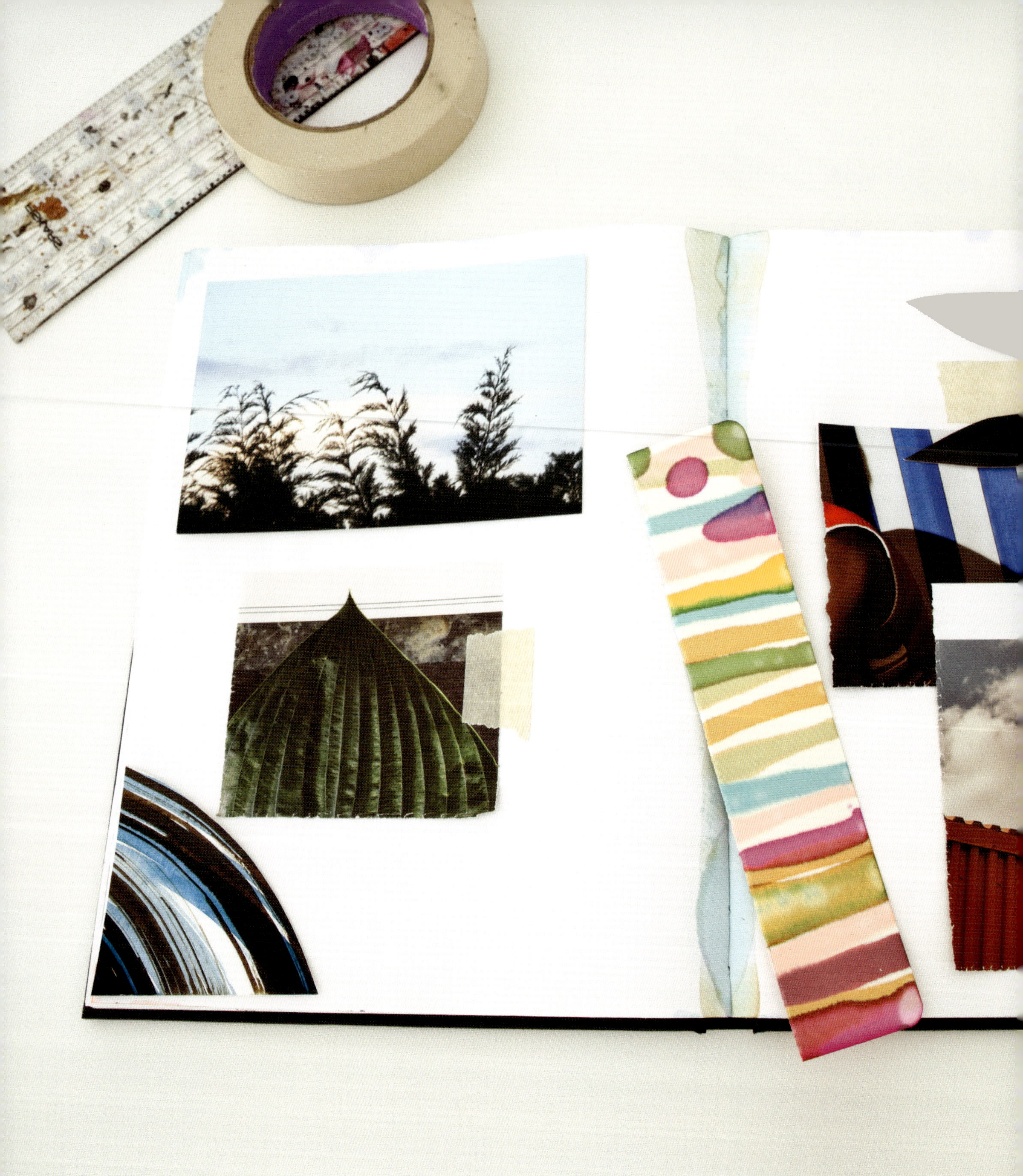

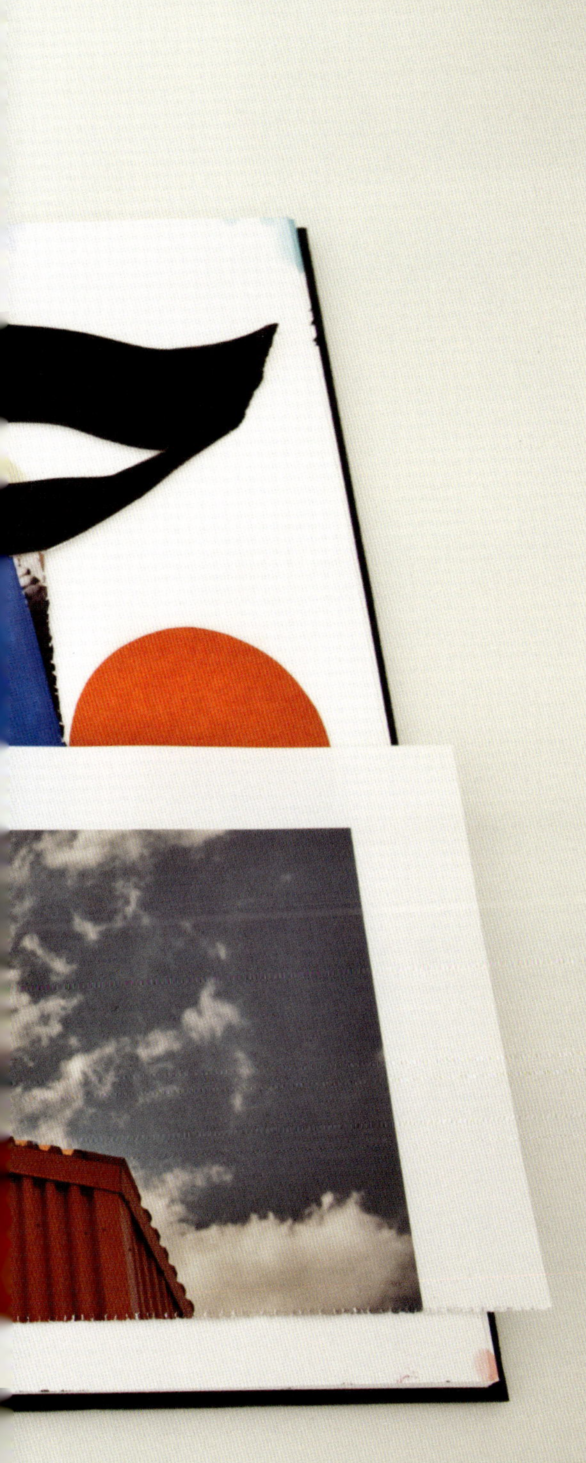

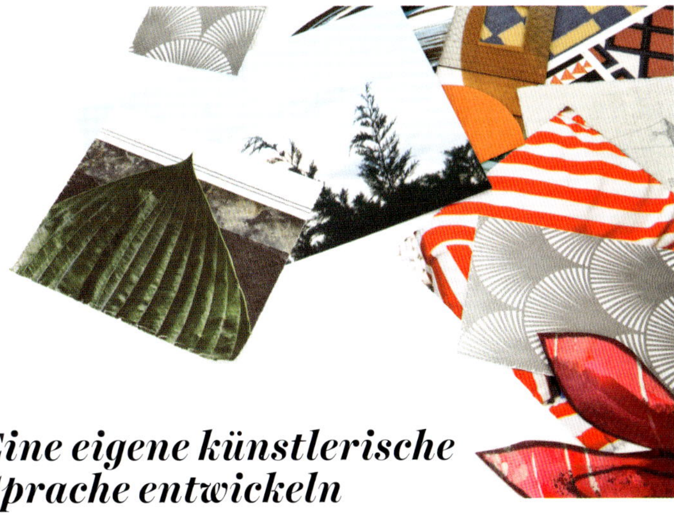

Eine eigene künstlerische Sprache entwickeln

Ein bedeutsames Stadium meiner künstlerischen Entwicklung war der Umzug nach Frankreich 2007. Ich lernte Französisch und sog so viel wie möglich von der Schönheit und der Kultur des Landes auf: Von den Menschen und der Landschaft über die Architektur und die Museen bis hin zum Essen – alles war überwältigend, faszinierend, inspirierend.

In dieser Zeit machte ich eine Pause vom Malen und zog mich zur stillen künstlerischen Reflexion in mein Skizzenbuch zurück. Dort konnte ich neue Ideen, Farben und Konzepte sondieren. Ein Künstlerjournal oder ein Skizzenbuch ist ein ungeheuer wichtiges Werkzeug, denn man weiß nie, wo man gerade ist, wenn die Inspiration zuschlägt. Im Skizzenbuch lassen sich Ideen und Bilder festhalten, um später darauf Bezug zu nehmen.

Ich schuf damals zwar keine größeren, komplexeren Kunstwerke, doch in der Alltagsroutine hielt ich Ideen und Inspirationen fest, die später in meine Kunst einflossen. Ich sammelte und zeichnete alles auf, was um mich herum geschah, um es innerlich zu verstehen und zu verwerten. So arbeitete ich an meiner künstlerischen Sprache. Wenn Sie Ihre eigene finden wollen, müssen Sie unbedingt darauf achten, dass sie auch wirklich aus Ihnen kommt. Stimmen von außen, Erlebtes und Gesehenes beeinflussen uns unablässig, doch die Art und Weise, wie wir es verinnerlichen und dechiffrieren, entscheidet über die Ausprägung unserer künstlerischen Stimme.

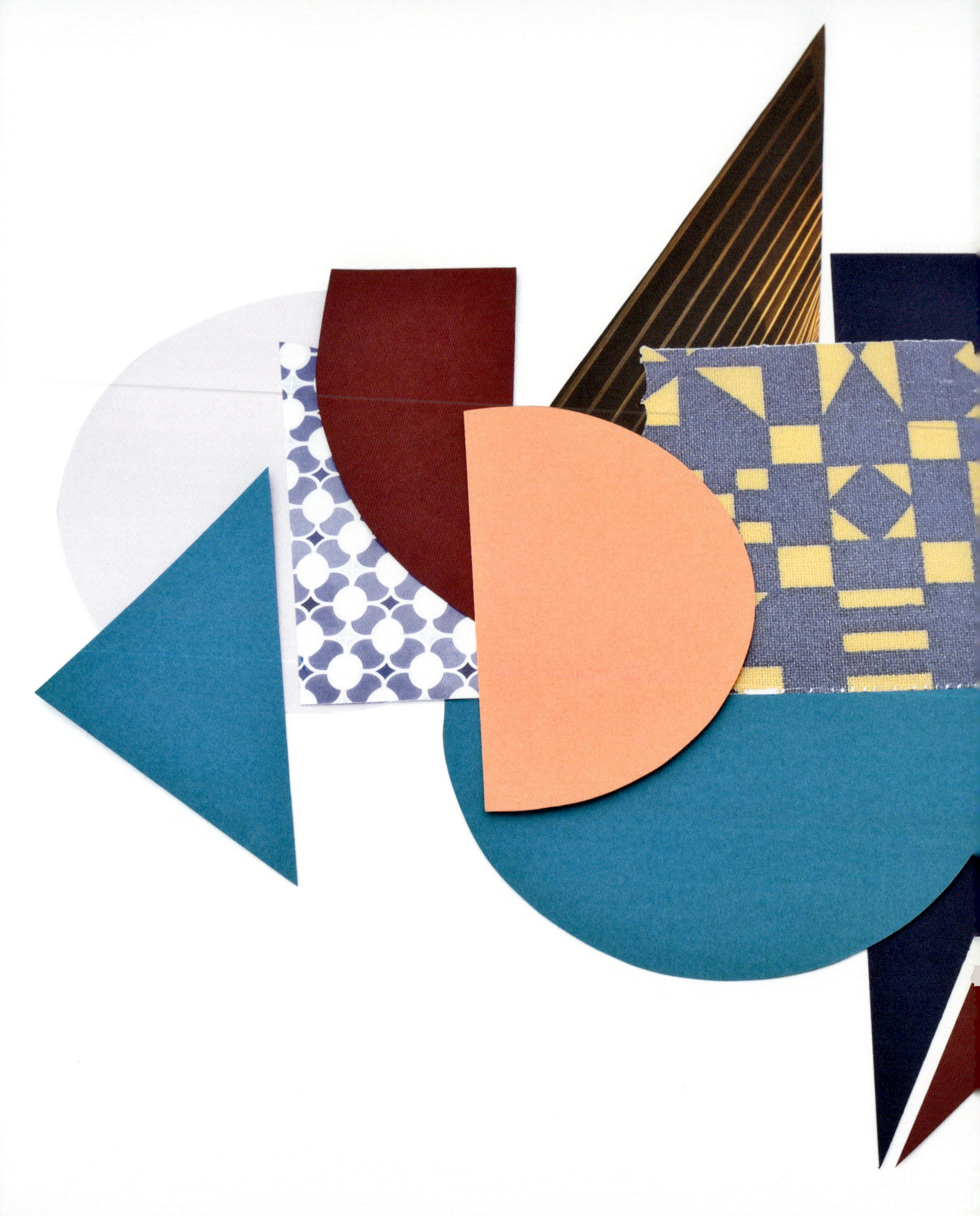

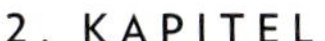

2. KAPITEL

GRUNDLAGEN DER GESTALTUNG

»Der Negativraum ist genauso wichtig wie das Positive.«

ELLSWORTH KELLY

Wer Kunst schafft, sollte die Grundlagen guter Gestaltung tief verinnerlicht haben. Fünf wichtige Grundprinzipien der Gestaltung sind Balance, Proportion, Rhythmus, Gewichtung und Geschlossenheit. Bestimmte künstlerische Disziplinen, etwa das Grafikdesign, sollten sich strenger daran halten, um ihre Botschaft zu vermitteln. Doch wer abstrakt arbeitet, will oft viel mehr als nur bestimmte Informationen transportieren.

Manchmal möchten wir Gefühle wecken, Erinnerungen hervorlocken, eine Geschichte erzählen, Fragen stellen oder eine Meinung zum Ausdruck bringen. Die Gestaltungsprinzipien sind zu respektieren; doch noch wichtiger ist der Respekt vor dem eigenen künstlerischen Ziel. In diesem Sinne dienen die genannten Prinzipien als Leitfaden, ohne Ihre Vision zu behindern oder einzuengen.

Fünf Gestaltungsprinzipien

1. BALANCE

Balance verweist auf die Verwendung symmetrischer Elemente (Formen von gleichem Gewicht auf beiden Seiten eines Zentrums) oder asymmetrischer Elemente (unregelmäßige Konturen und Formen, die bezüglich ihres visuellen Gewichts dennoch im Gleichgewicht sind). Dies beim Malen zu berücksichtigen ist nicht ganz leicht, doch je mehr Sie experimentieren und üben, desto leichter »spüren« Sie, was Balance bedeutet.

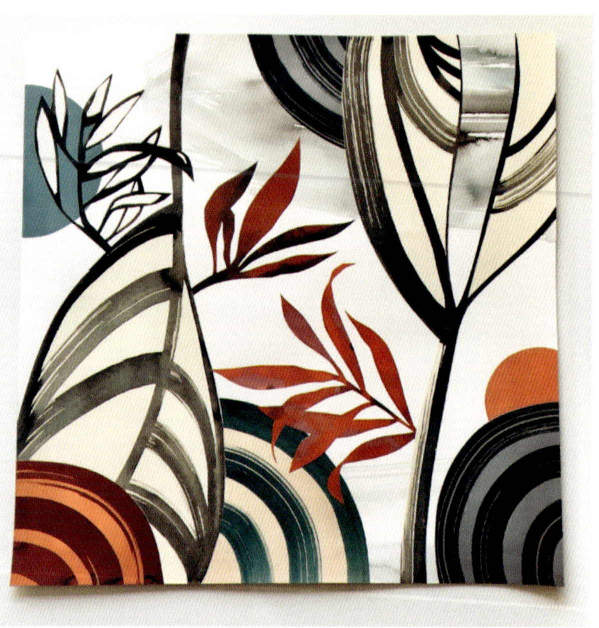

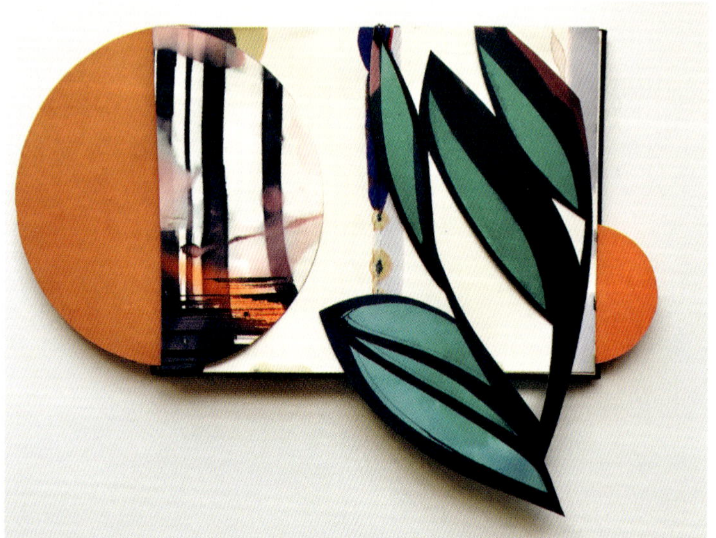

2. PROPORTION

Proportion bezieht sich auf Größe und Verhältnis verschiedener Bildelemente. Jedes Element steht in Beziehung zu den anderen und zum Ganzen. Die Bildelemente sollten nicht miteinander um Bedeutung rangeln, denn dann ist die Komposition verwirrend und die Botschaft unklar.

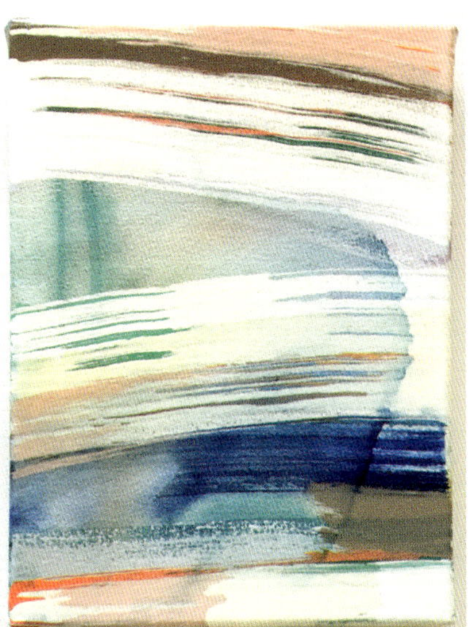

3. RHYTHMUS

Rhythmus entsteht in einem Bild dadurch, dass sich bestimmte Spuren, Farben, Linien oder Formen mehrfach wiederholen – also ein Muster bilden. Wiederholungen und Muster leiten beim Betrachten mühelos über das Gemälde. Sie agieren als Vermittler, um den Blick zu Elementen zu führen, die Ihnen wichtig sind, und sorgen für Bewegung, Bedeutung, Fluss und Geschlossenheit.

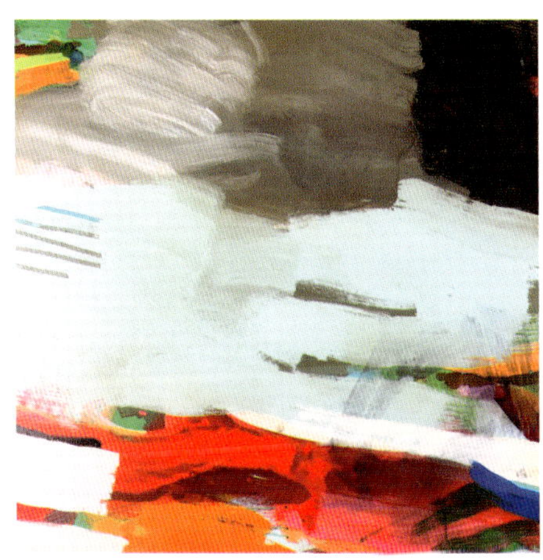

4. GEWICHTUNG

Gewichtung hat etwas mit dem von Ihnen intendierten Bildzentrum zu tun. Was ist wesentlich, worauf möchten Sie die Aufmerksamkeit lenken (siehe Übung 14 ab Seite 89). Sie gewichten, indem Sie die Farbintensität eines Elements steigern, Kontraste abdunkeln oder aufhellen, Linien zusammenlaufen lassen oder dadurch, dass Sie das Objekt, dem Sie das meiste Gewicht beimessen, isolieren.

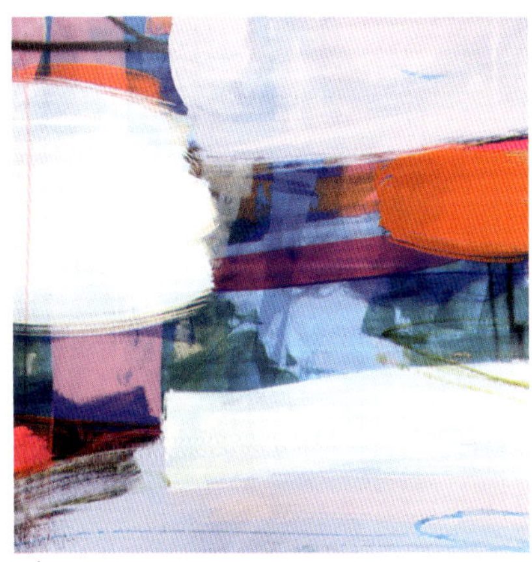

5. GESCHLOSSENHEIT

Die Geschlossenheit eines Kunstwerks beruht nicht unbedingt auf einem strengen Regelwerk. Es geht darum, widerstreitende Elemente aufzulösen, sodass das Gesamtwerk harmonisch zusammenkommt. Geschlossenheit entsteht, wenn das Werk ein Gefühl von Vollendung ausstrahlt und alle Elemente in Bezug zueinander ihre Funktion erfüllen.

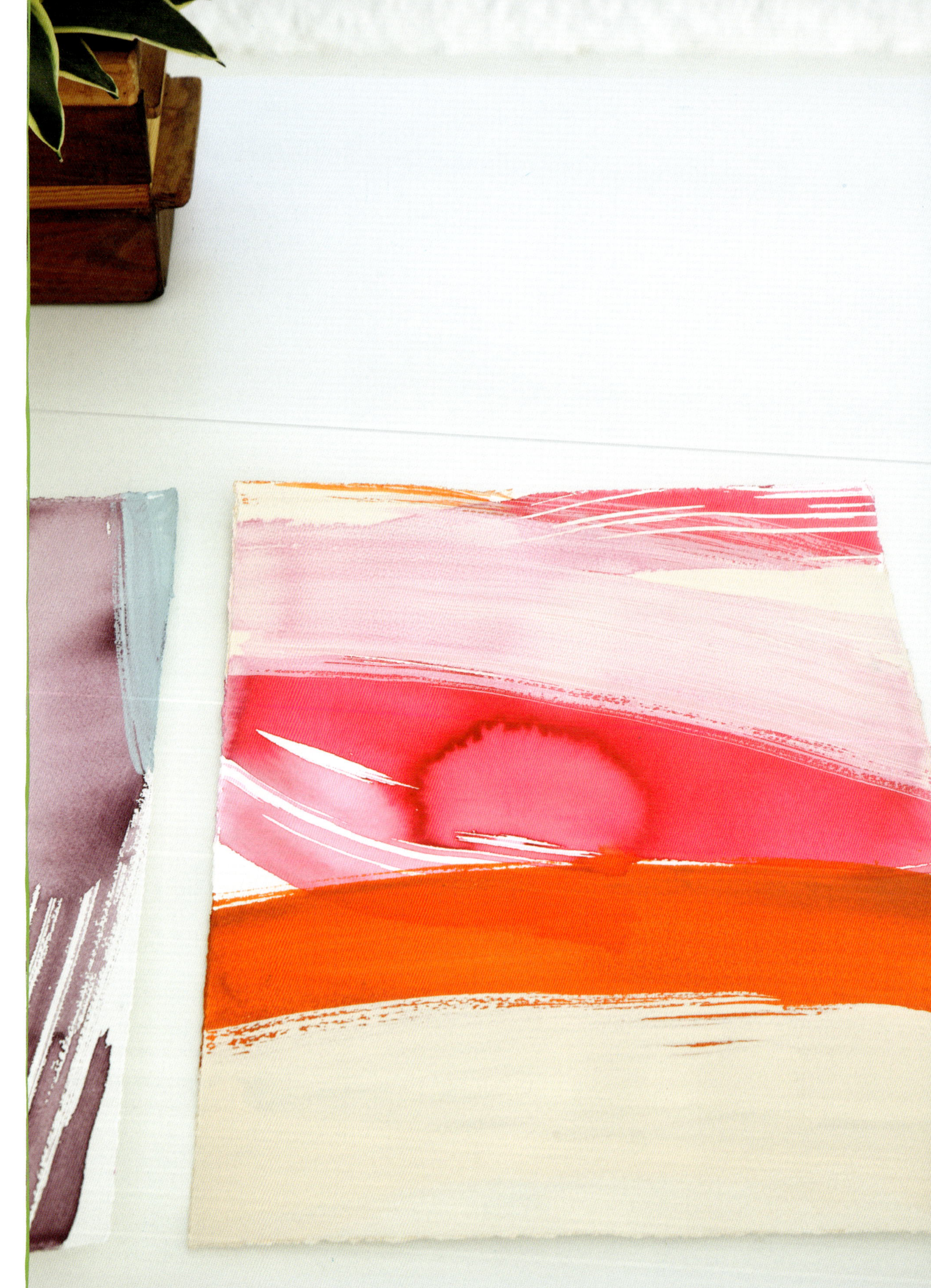

ÜBUNG 3

Bilder mit Lavurtechnik

Größe, Form und Farbe verstehen

MATERIAL

- Mixed-Media-Papier oder Leinwand (max. 28 × 35 cm)
- drei verschiedene Acrylfarben oder Tuschen von unterschiedlicher Farbsättigung (siehe Seite 34)
- runde und flache Pinsel in verschiedenen Größen
- flache Borstenpinsel (2,5-10 cm)

Größe, Form und Farbe sind Schlüsselelemente der Gestaltung, die eine große Rolle spielen, wenn Sie ein abstraktes Gemälde schaffen. Sie beeinflussen einander und müssen einzeln funktionieren, aber auch im Zusammenspiel.

Anfangs kann es ein wenig einschüchternd sein, beim Malen an drei Elemente zu denken. Daher unterteilen wir den Prozess hier in mehrere Schritte und begrenzen die Farbpalette. Wenn die Wahlmöglichkeiten nicht so groß sind, lässt sich leichter ein Verständnis dafür entwickeln, wie die drei Prinzipien zusammenwirken. Sobald Sie den Prozess verinnerlicht haben, erweitern Sie nach und nach die Farbpalette.

Vorbereitungen

- Fangen Sie entweder mit Mixed-Media-Papier oder einer grundierten Leinwand an. Wählen Sie den Bildträger nicht zu groß – zwischen 25 × 25 cm und 28 × 35 cm ist perfekt.
- Erstellen Sie vorab ein paar Farbmuster der drei ausgewählten Farben auf kleinen Zetteln. So sehen Sie, wie die Farben zusammen wirken. Die Farbmuster sollten vollständig getrocknet sein, bevor Sie Ihre Auswahl treffen, denn feucht können sie ganz anders aussehen.

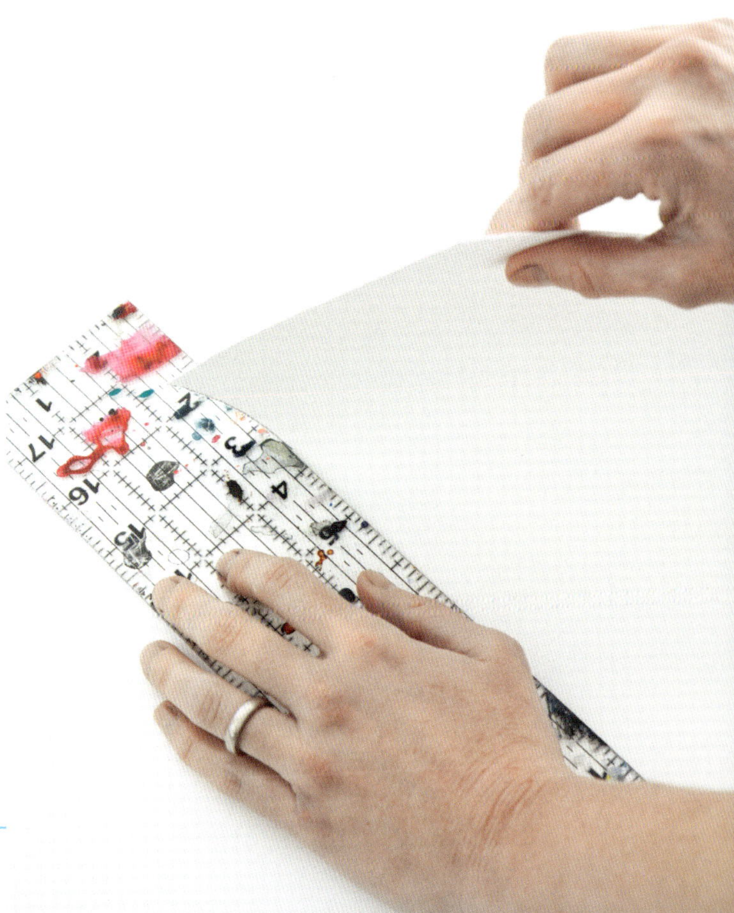

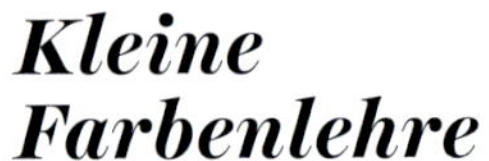

Kleine Farbenlehre

Farben haben drei grundlegende Eigenschaften: Farbton, Helligkeit und Sättigung. *Farbe* benennt die Farbe an sich (z. B. Rot oder Blau), während *Farbton* dazu dient, innerhalb einer Farbfamilie weiter zu differenzieren (z. B. Himmelblau oder Grasgrün). *Helligkeit* (oder *Tonwert*) bezieht sich darauf, wie hell oder dunkel eine Farbe im Vergleich zu einer Skala zwischen Schwarz und Weiß erscheint. Weiß hat den hellsten und Schwarz den dunkelsten Wert. *Farbsättigung* beschreibt die Qualität der Farbwirkung. Je vermischter eine Farbe ist, desto geringer erscheint ihre Intensität. Wählen Sie beim Malen immer Farben mit unterschiedlichen Sättigungsgraden. Denn wenn alle Farben in einem Bild dieselbe Sättigung und Intensität besitzen, wirkt das Ganze leicht flach und es fehlt Ihrem Bild an visueller Spannung.

Farben, die aus den reinen Pigmenten Rot (Magenta), Gelb oder Blau (Cyan) bestehen und nicht durch Mischung anderer Farben erzeugt werden können, werden als Primärfarben bezeichnet. Aus der Mischung zweier Primärfarben zu gleichen Teilen entstehen die Sekundärfarben Orange, Violett und Grün.

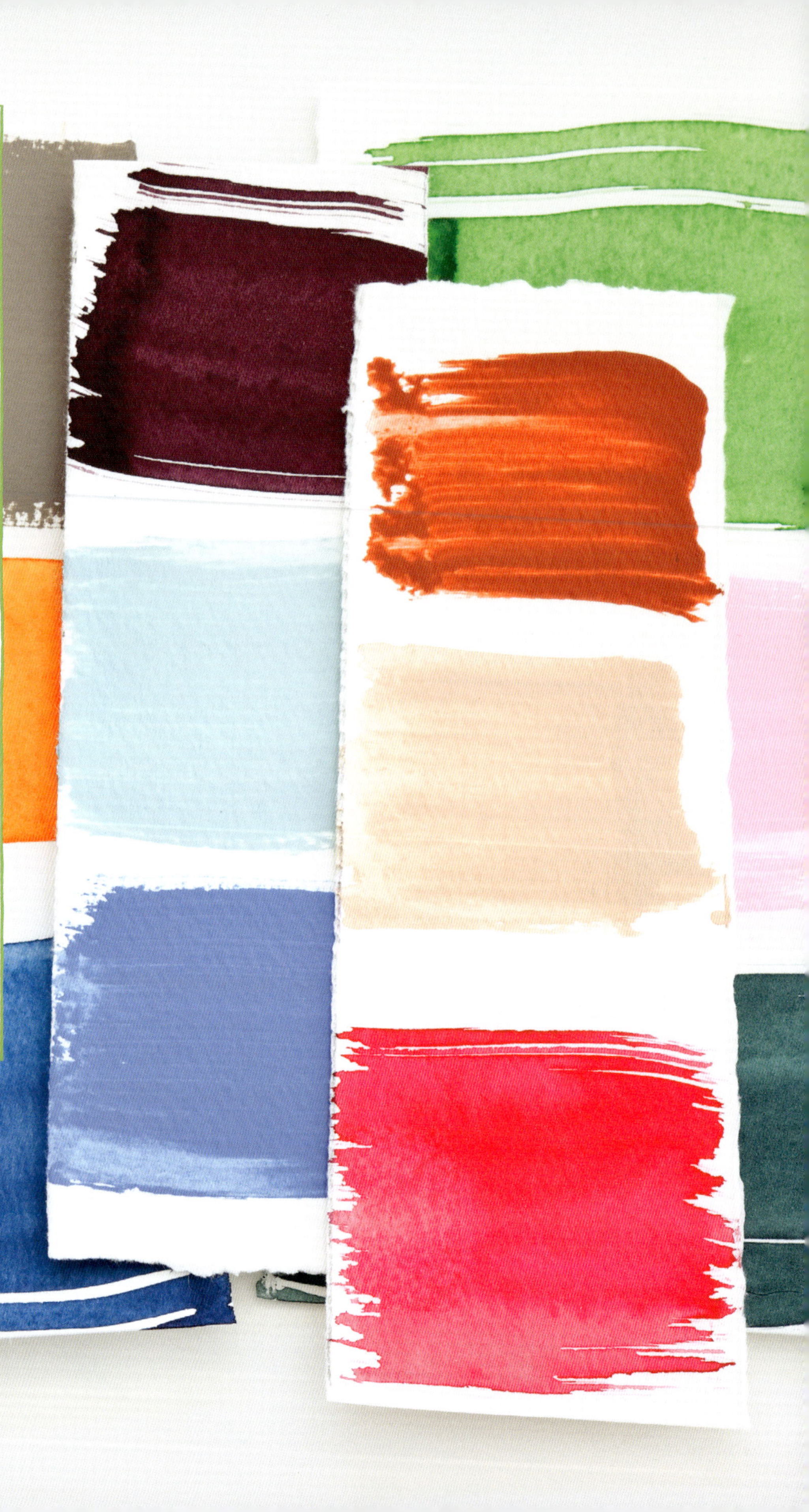

- Legen Sie sich mehrere runde und flache Pinsel in verschiedenen Größen zurecht. Am häufigsten benutze ich einen runden Pinsel Größe 10, einen flachen Pinsel Größe 8 oder 10 und einen Katzenzungenpinsel Größe 6 oder 8. Je mehr Größen und Formen Sie zur Auswahl haben, desto vielfältiger werden Ihre Linien und Spuren.

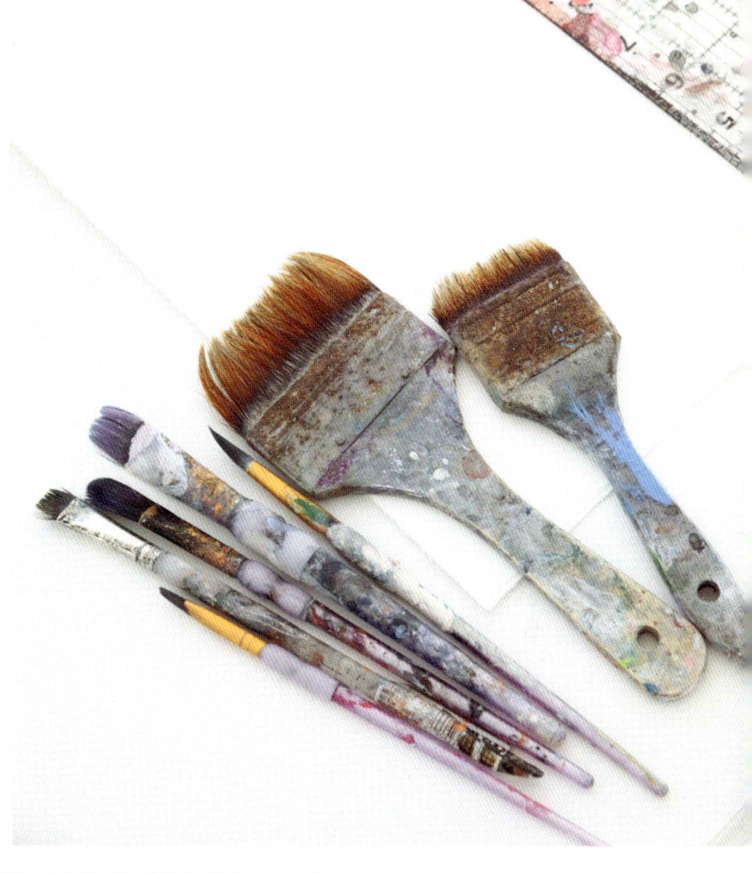

Durchführung

- Malen Sie mit Ihrem größten Pinsel zuerst die größte Form. Sie dient als Anker für das Werk, ein erstes Basiselement auf dem Bildträger, von dem aus sich das Gemälde entwickeln kann.
- Mit einem anderen Pinsel fügen Sie in einer zweiten Farbe die nächste Form hinzu. Variieren Sie die Art und Weise, wie Sie diese Form schaffen und die Farbe auftragen. Es gibt viele Methoden, um Farbe aufzubringen. Diese Übung zeigt zwei verschiedene Verfahren.

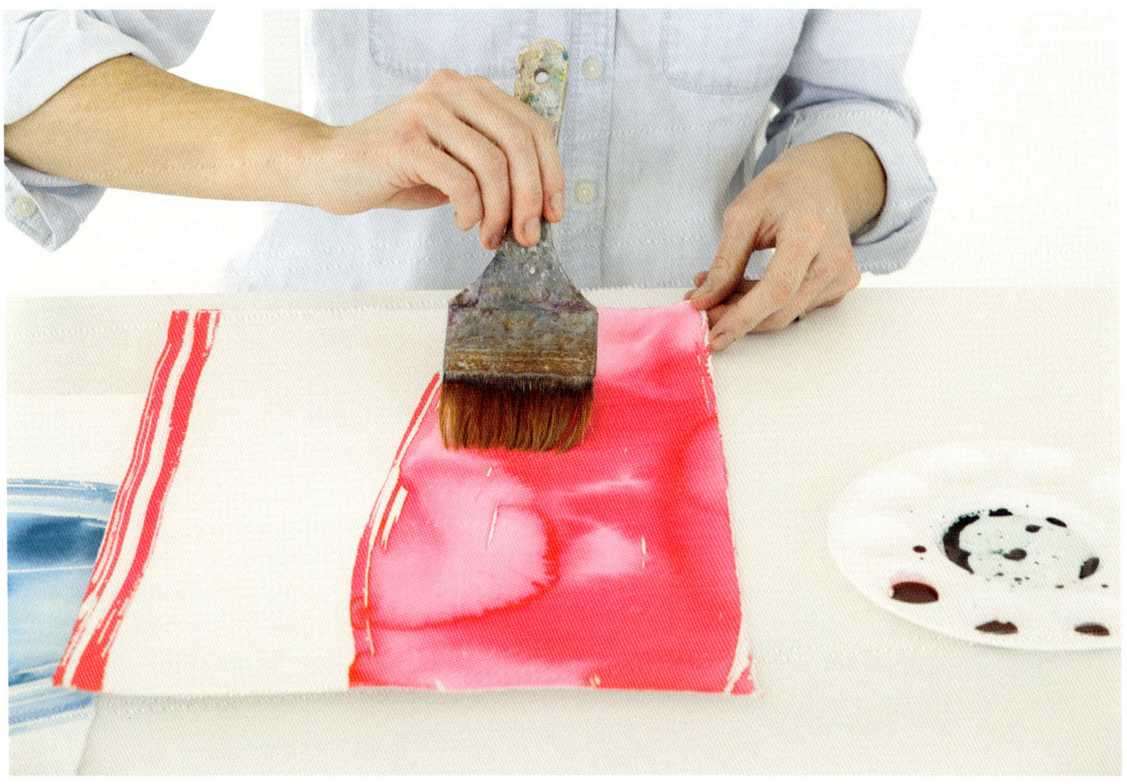

TIPP ▸ Halten Sie beim Malen immer mehrere Behälter mit sauberem Wasser zum Auswaschen der Pinsel bereit. So bleiben Sie im Fluss, weil Sie den Malprozess nicht unterbrechen müssen, um das Wasser zu wechseln.

1. **FARBE VERDÜNNEN.** Wenn Sie der Farbe reichlich Wasser beigeben, gelingen Ihnen womöglich leichter frei fließende, organische Konturen und Formen. Mit verdünnter Farbe lässt sich der Pinsel flüssiger über den Malgrund führen. Auf diese Weise können Sie auch Schichten aufbauen und Ihrer Arbeit Bewegtheit verleihen.
2. **FARBBAHNEN ZIEHEN.** Ziehen Sie den Pinsel mit der ersten Farbe über den Malgrund und halten ihn dabei in einem Winkel von 45 Grad, um eine stärkere, architektonisch anmutende Spur zu setzen.

Beide Verfahren verändern auch die Struktur des Gemäldes. Variationen in der Struktur ziehen den Blick an.

→ Nehmen Sie eine andere Pinselgröße und tragen Sie die nächste Farbe auf. Wieder sollten Größe und die Methode, mit der Sie die Farbe aufbringen, passend sein. Achten Sie beim weiteren Hinzufügen von Formen und Farben auf die Negativräume (siehe Randspalte gegenüber).

→ Sobald die Farbe trocken ist, wiederholen Sie die Schritte. Arbeiten Sie in Schichten und stimmen Sie bei der dritten Farbe Form und Größe ab. Bauen Sie, indem Sie die Schritte wiederholen, auf Ihre vorherigen Spuren auf, dann sehen Sie allmählich, welche Wirkung die drei Elemente – Größe, Form und Farbe – zusammen entfalten.

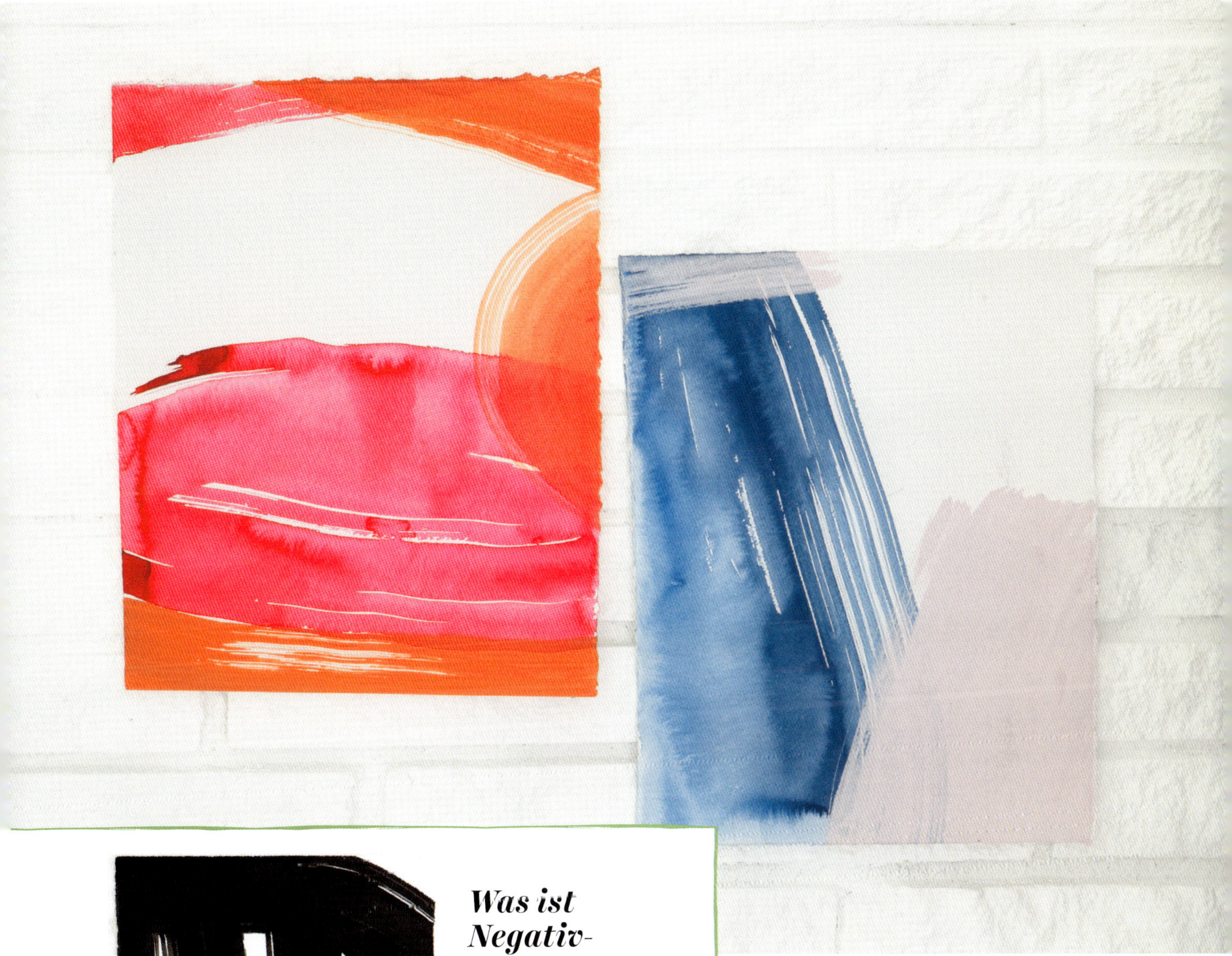

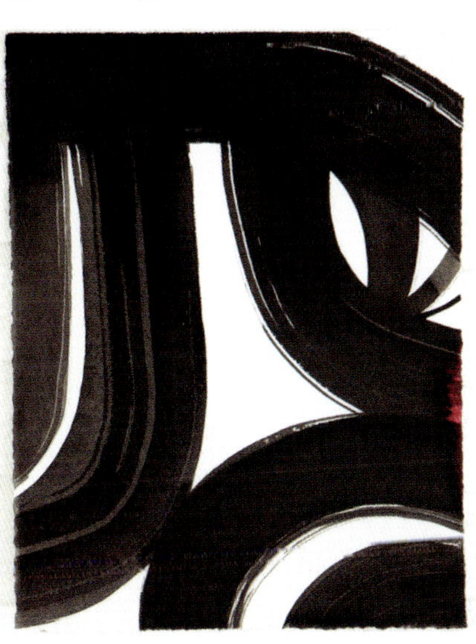

Was ist Negativraum?

Negativraum ist der Bereich um und zwischen den Bildelementen. Diese Räume können im weiteren Entstehungsprozess Ihres Werks ebenfalls interessante und wichtige Formen bilden.

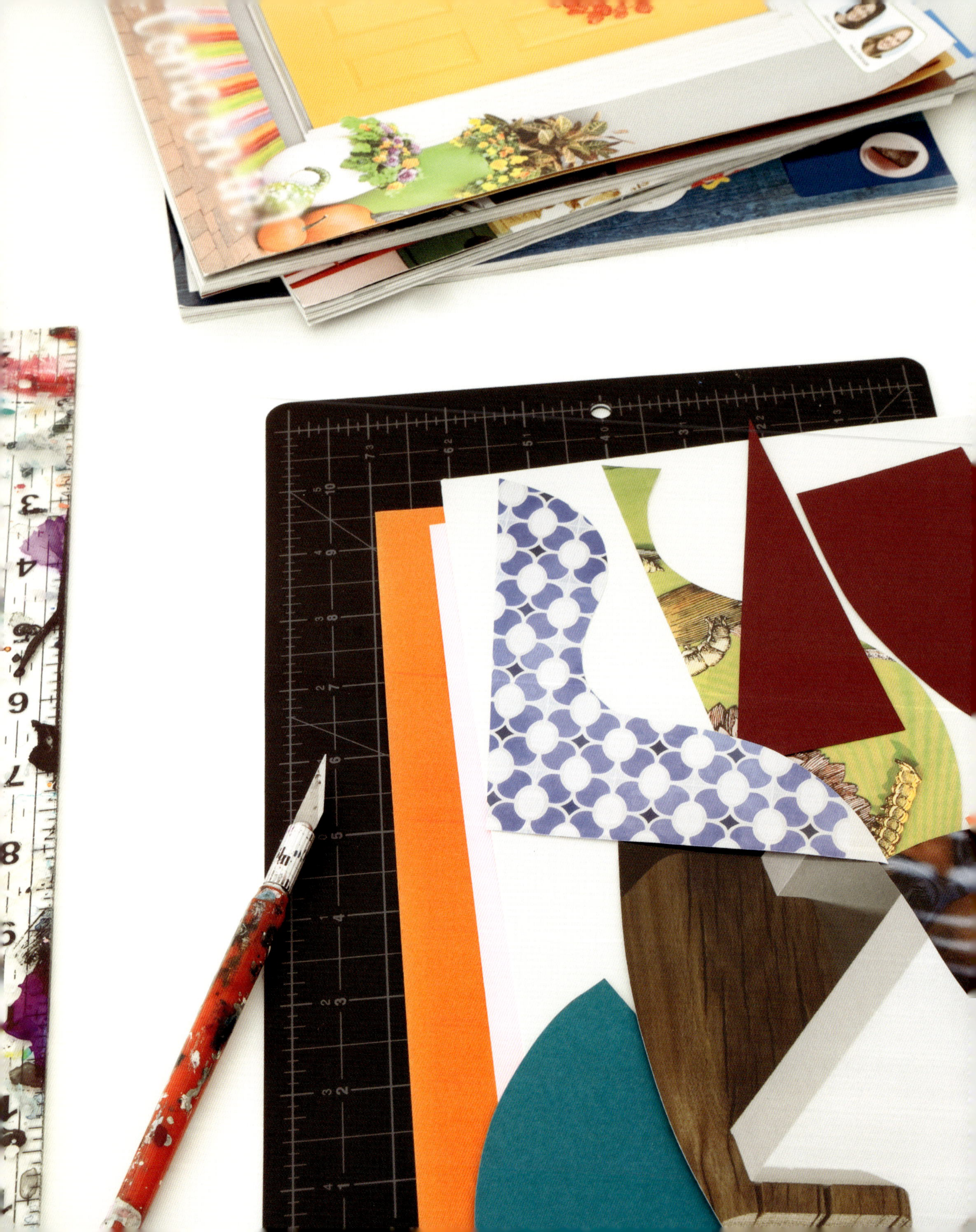

ÜBUNG 4

Fünf Schlüsselelemente guter Gestaltung

Gestaltungsprinzipien mit Papier umsetzen

MATERIAL

sechs bis acht verschiedene Stücke farbiges Papier

alte Zeitschriften als Quellen für Bilder, Muster und Farben

Cutter oder Schere

Es ist nicht ganz einfach, beim Malen gleichzeitig alle fünf Gestaltungsprinzipien (siehe Seite 30) zu berücksichtigen. Wenn Sie Bildidee und Komposition zunächst mit farbigen Papierschnipseln entwickeln, nimmt Ihnen das ein wenig den Druck. Sie können sich zunächst ganz auf die Gestaltung konzentrieren, ohne von den technischen Erfordernissen des Malens abgelenkt zu werden.

Vorbereitungen

- → Schneiden Sie farbige Papiere in verschiedene Formen und Größen. Einige Formen sollten rund und organisch sein, andere gerader und geometrischer.
- → Blättern Sie in Zeitschriften und reißen Sie Seiten mit verschiedenen Mustern, Ecken, Farben und Elementen heraus, die Sie interessant finden. Schneiden Sie diese, wie das farbige Papier, in verschiedene Formen und Größen.
- → Ich verwende in meinen Künstlerjournalen und Skizzenbüchern oft Textelemente, aber Text kann ablenken und in einem Kunstwerk sehr leicht zu wörtlich aufgefasst werden. Überlegen Sie trotzdem, ob Wörter oder Text bei Ihnen funktionieren könnte.

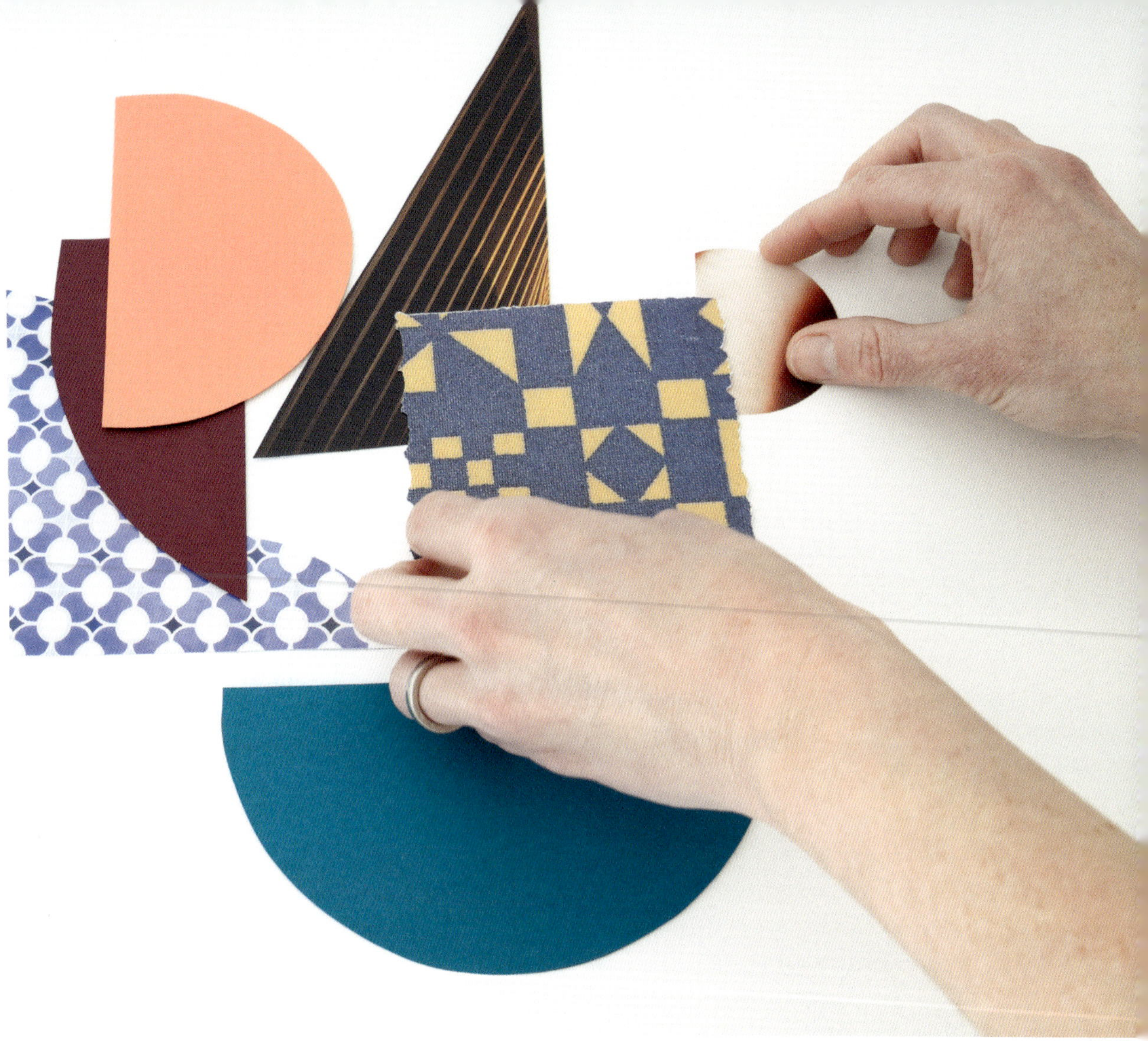

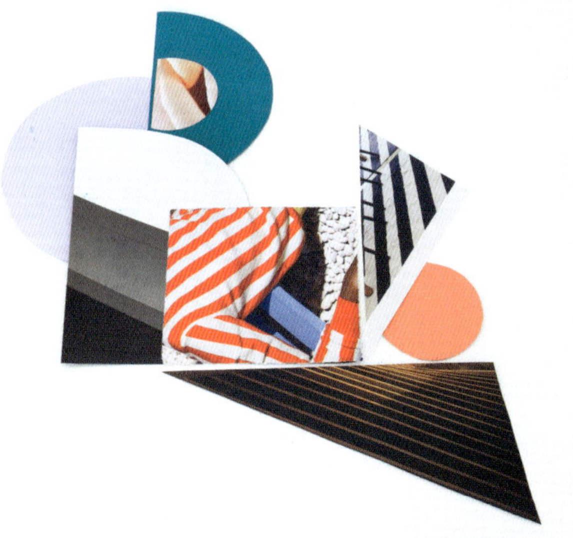

Durchführung

→ Arrangieren Sie die Papierschnipsel für Ihre Komposition auf einem glatten, sauberen Untergrund. Die Schnipsel dürfen sich überlappen, und Sie können sie auch zerschneiden oder anderweitig bearbeiten, je weiter sich Ihre Komposition entwickelt.

→ Behalten Sie beim Arbeiten die vorn besprochenen fünf Gestaltungsprinzipien im Hinterkopf.

Stellen Sie sich, wenn sich die endgültige Gestaltung abzeichnet, folgende Fragen:

1. **Ist sie in der Balance?**
2. **Kann man sich leicht auf das Gesamte konzentrieren, oder rutscht der Blick zu einer Seite?**
3. **Sind die Proportionen ausgewogen? Gibt es Objekte in verschiedenen Größen und Formen, die sich dennoch deutlich aufeinander beziehen?**
4. **Haben Sie mit den Bildern aus den Zeitschriften interessante Muster und sich wiederholende Formen geschaffen?**
5. **Gibt es ein Bildzentrum und wird der Blick darauf gezogen?**
6. **Vermittelt das Werk einen Eindruck der Geschlossenheit?**

Während Sie sich diese Fragen stellen, arrangieren Sie die Schnipsel so lange, bis Sie diese Ziele erreicht haben.

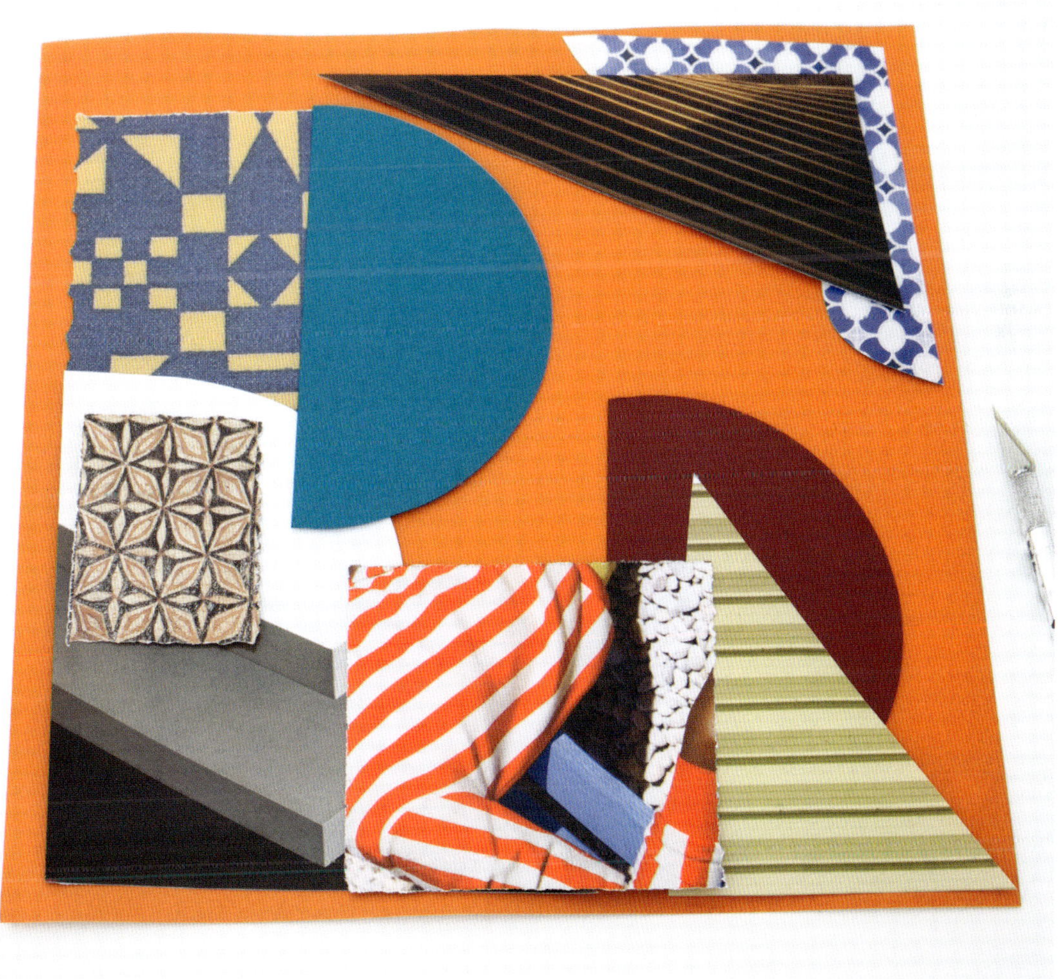

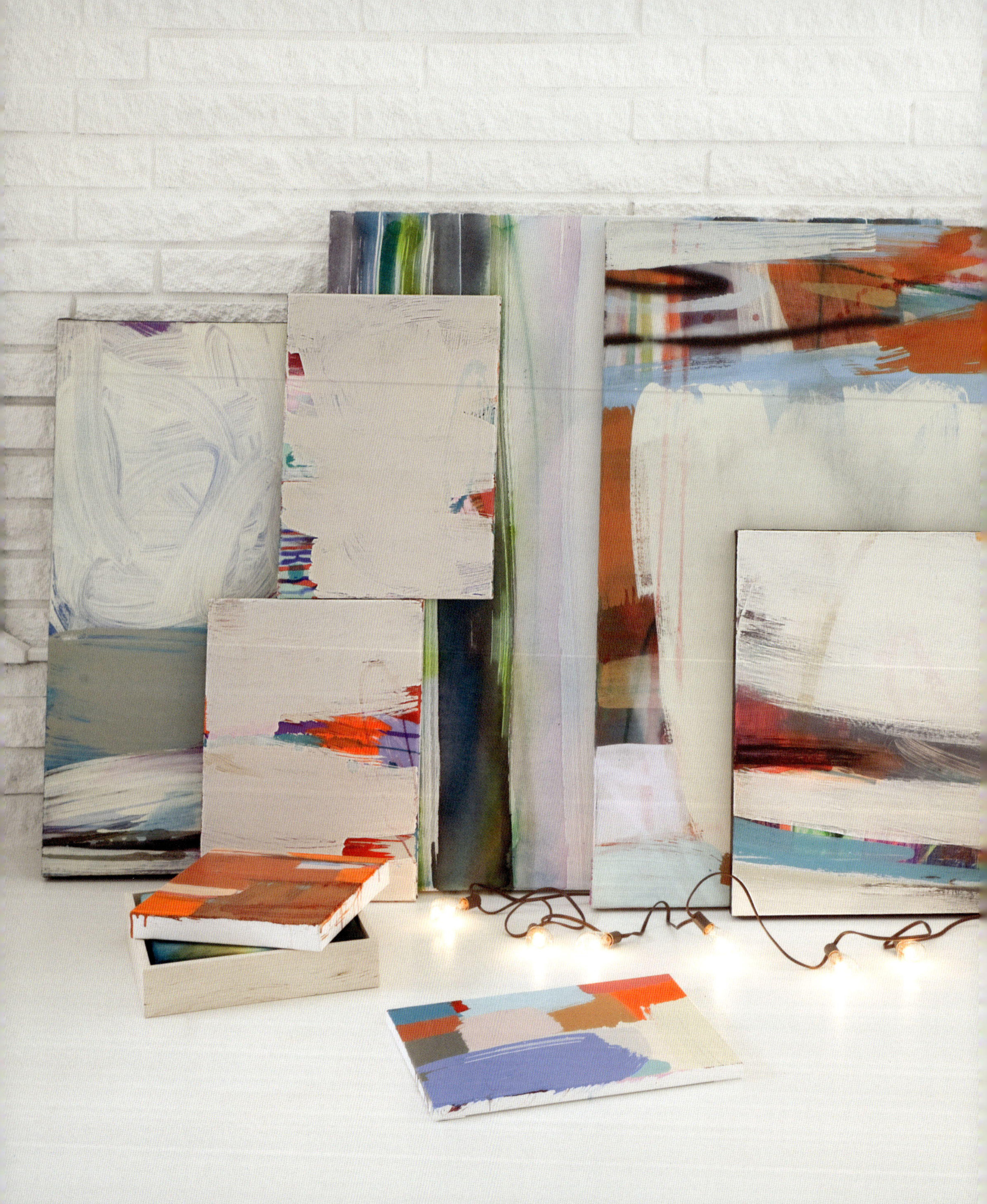

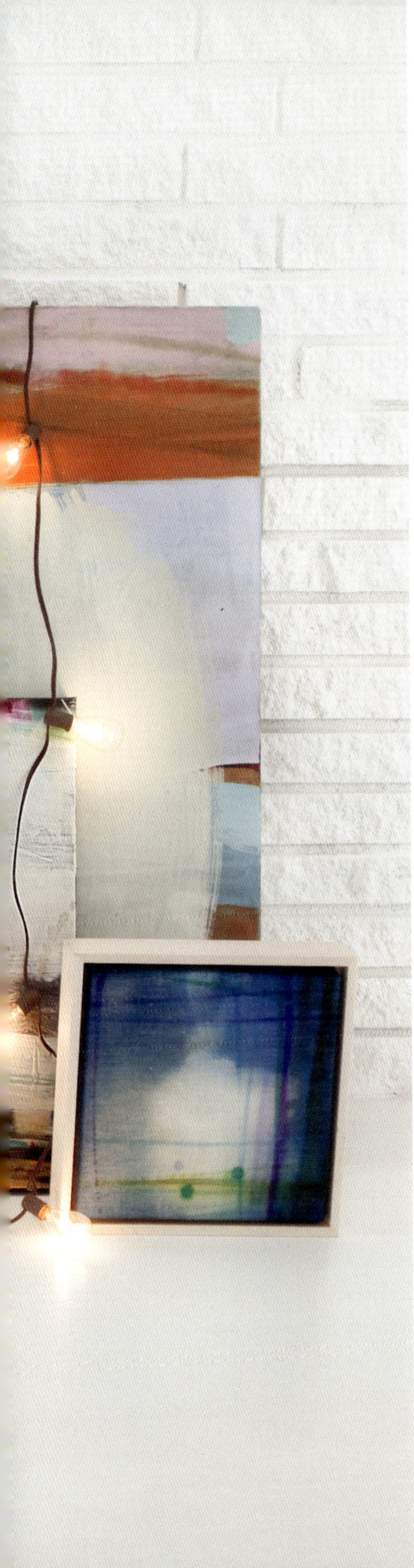

3. KAPITEL

BALANCE FINDEN

»Eine Form inspiriert mich zu einer Idee, diese Idee bringt eine andere Form hervor, und alles kulminiert in Figuren, Tieren und Dingen, die ich nie vorhergesehen hätte.«

JOAN MIRÓ

Balance zu schaffen ist für das Kunstwerk selbst genauso essenziell wie für die Betrachter. Ein unausgewogenes Werk birgt Anspannung und Verwirrung. Der Blick wird zwangsläufig auf die stärker gewichteten Bereiche gelenkt, was den Fluss und die Gesamtkomposition zerstört. Ein ausgewogenes Kunstwerk zeichnet sich durch eine saubere, offene und gut aufgebaute Komposition aus. Der Blick schweift beim Betrachten unangestrengt von einem Bereich zum nächsten und kann verweilen, statt durch eine instabile oder disproportionierte Komposition nur auf einen Punkt gelenkt zu werden.

Wenn Sie überlegen, ob Ihr Werk in der Balance ist, bedenken Sie, dass Sie nicht einen Bereich ändern können, ohne dass es zu einem Dominoeffekt kommt. Jeder Pinselstrich, jede Bleistiftlinie und jede Struktur steht in Beziehung zu allen anderen. Das Schöne am Erreichen von Balance ist, dass es unglaublich beeindruckend sein kann, sobald die Elemente zusammenwirken und einander ergänzen. Sie müssen den Moment erkennen lernen, in dem alle Bereiche für sich stehen können und gleichzeitig doch ein geschlossenes Ganzes bilden

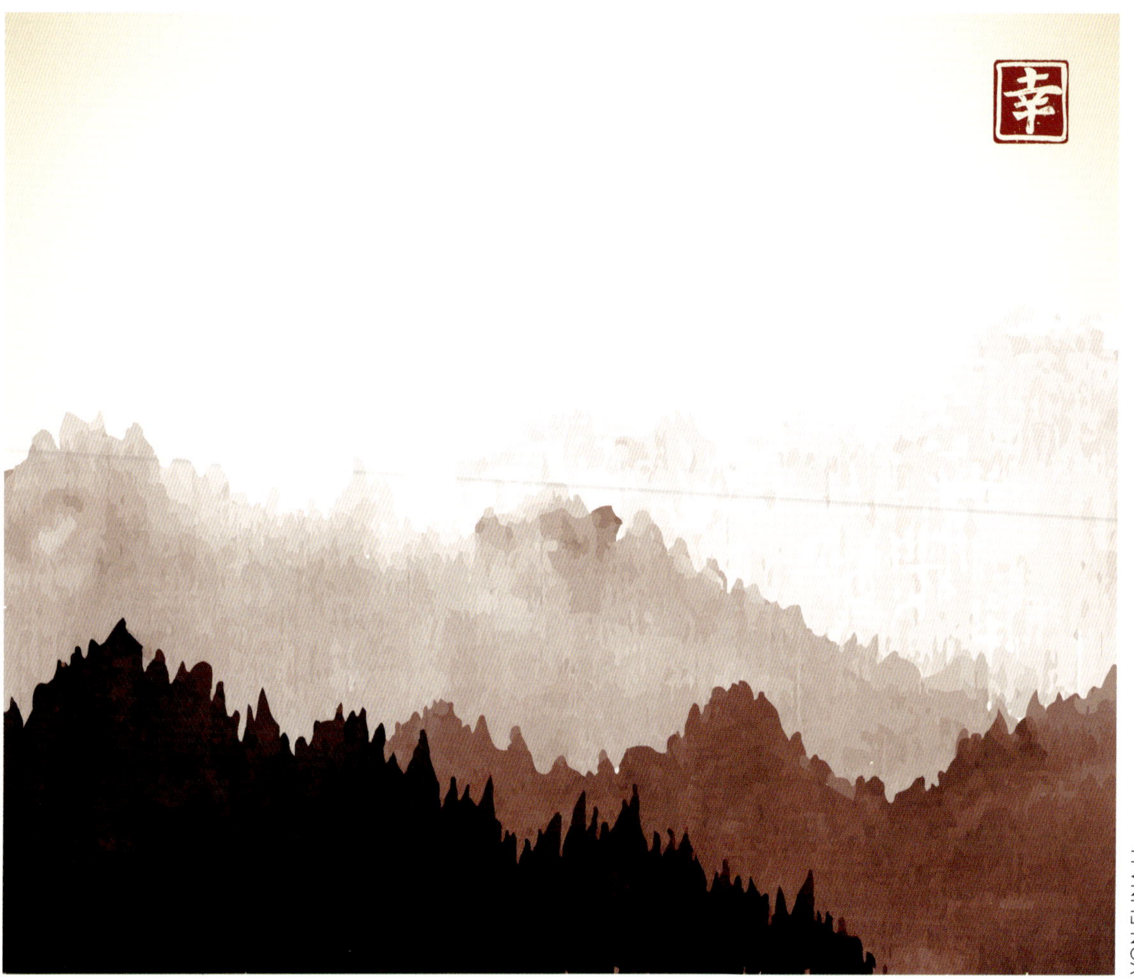

VON ELINA LI

Beim Ausloten, wie Sie Ihre Arbeit in Balance bringen, sind zwei Gestaltungsprinzipien besonders wichtig: Kontrast und Raum. Sie spielen eine unverzichtbare Rolle im kreativen Prozess. Kontrast ist die Anordnung von Elementen in Gegensatz zueinander, zum Beispiel hell – dunkel, groß – klein etc. Raum ist der Abstand um die interessanten Bereiche des Werks.

Traditionelle Landschaften sind ein großartiges Beispiel für Balance, an dem sich Kontrast und Raum besonders gut zeigen. Landschaft definiert sich durch eine horizontale Trennung der Bildfläche in zwei Bereiche: offener Himmel und Land. Das Land ist im Kontrast gewöhnlich dunkler und nimmt weniger Raum ein. Der dunklere Kontrast des Lands zieht den Blick an, doch die Vergrößerung des räumlichen Bereichs des Himmels sorgt für harmonische Balance. Der dunklere Bereich darunter hat sein Gegengewicht nicht nur in dem helleren Himmel, sondern auch in dem ihm zugemessenen Raum. Beim Betrachten erscheint diese ausgewogene Gestaltung ganz selbstverständlich, doch es liegt in Ihrer Hand, Ihre Werke auszubalancieren und ihnen damit Bedeutung und Schönheit zu geben.

ÜBUNG 5

Abstrakte Formen malen

Balance suchen

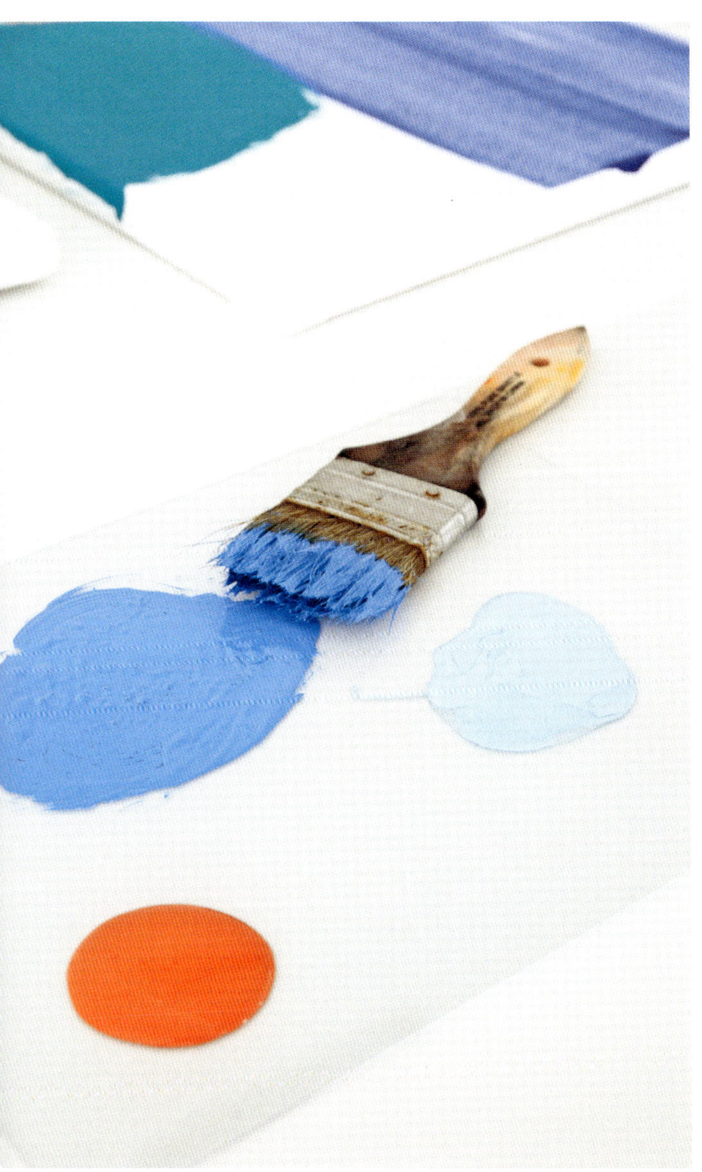

MATERIAL

grundierte Leinwände, klein bis mittelgroß (von 28 × 46 cm bis 46 × 61 cm), auch quadratische Formate

mindestens zehn bis fünfzehn verschiedene Acrylfarben Ihrer Wahl, dazu Schwarz und Weiß für den Kontrast

große und kleine Pinsel

In einem abstrakten Gemälde hat Balance sehr viel damit zu tun, wie Sie Formen nutzen und bearbeiten. Um ein gut ausbalanciertes Werk zu erreichen, dürfen Sie zudem den Negativraum und die Formen, die durch ihn entstehen, nicht vernachlässigen. Zu erkennen, wann alle Formen geklärt und ausbalanciert sind, hat viel mit Intuition zu tun. Diese schärft sich mit der künstlerischen Erfahrung.

Vorbereitungen

→ **Ihr Arbeitsbereich sollte gut geschützt sein. Ich male am liebsten im Stehen an der Staffelei oder mit der Leinwand flach auf dem Tisch. Letzteres hat den Vorteil, dass die Farben nicht verlaufen oder tropfen und ungestört trocknen.**

- Ich empfehle, zwei bis drei Behälter mit sauberem Wasser bereitzustellen, um Pinsel rasch auswaschen zu können, ohne den Arbeitsfluss zu unterbrechen.

TIPP ▶ Die Leinwand immer mal wieder nach links oder rechts oder sogar auf den Kopf zu drehen hilft, Balance zu sehen und zu schaffen. Aus einem neuen Blickwinkel erkennt Ihr Auge womöglich neue Verbindungen, die vorher verborgen waren.

Durchführung

- Bei dieser Übung malen Sie drei Formen und pausieren dann, um sich anzusehen, wie die Formen aufeinander Bezug nehmen und miteinander interagieren.
- Variieren Sie die Art der Formen. Schaffen Sie einige große, organische Formen, solche, die Bewegung andeuten, und andere, die symmetrisch und starr sind.
- Machen Sie nach jedem Zyklus kurz Pause, um Ihre Arbeit zu betrachten und zu studieren, wie die Formen zusammen wirken. Darauf aufbauend, planen Sie die nächsten drei.
- Lassen Sie jede Schicht trocknen, bevor Sie die nächste aufbringen. Sonst vermischen sich die Farben womöglich ungewollt, und Ihr Bild wird matschig.
- Fahren Sie mit diesen Dreierschritten fort, bis Sie das Gefühl haben, Ihre Arbeit findet allmählich Balance und Gewissheit. Dieser Instinkt entwickelt sich durch Übung.

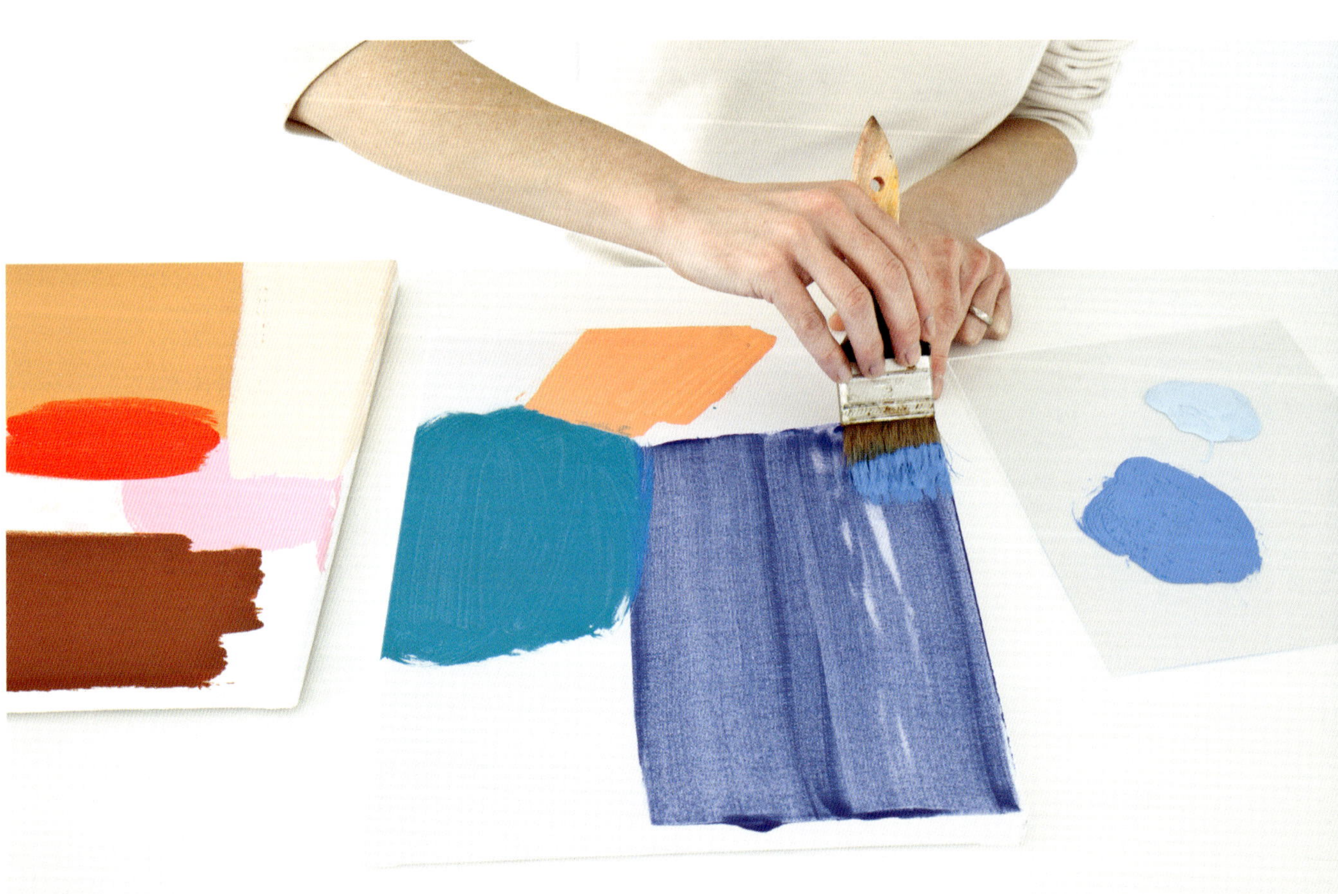

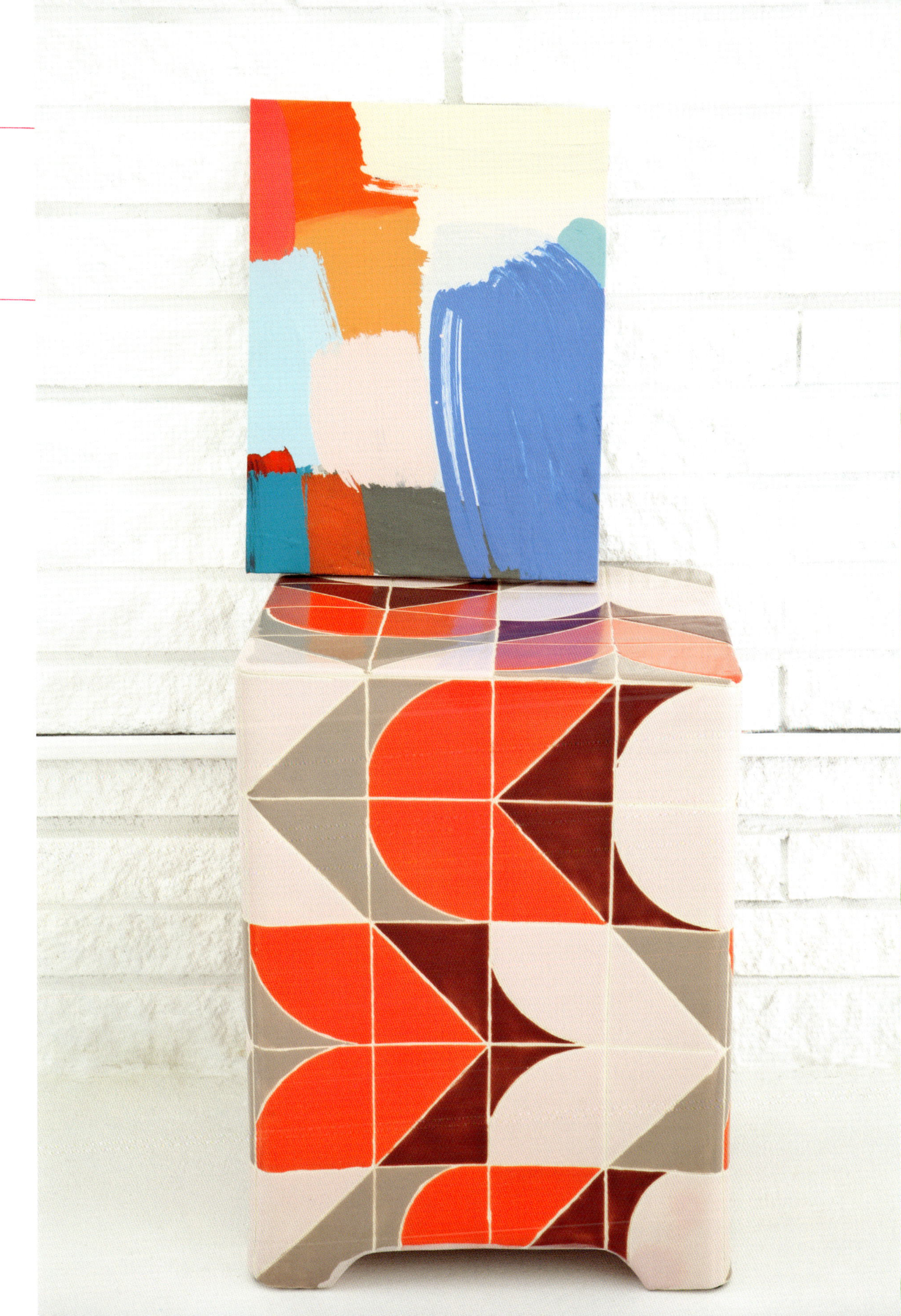

ÜBUNG 6

Der Dominoeffekt

Kompositionen mit Collagen

MATERIAL

Tonzeichenpapier oder Fotokarton in verschiedenen Farben

Cutter oder Schere

Schneidematte

dickes Papier oder Aquarellpapier (ca. 20 × 25 cm)

Heavy Matte Gel (z. B. von Golden oder Liquitex)

Gummiwalze

Lineal (30 cm)

Beim Ausarbeiten einer Komposition werden Sie bemerken, dass Sie nicht einen Bereich verändern können, ohne dass sich die Gesamtkomposition ebenfalls verändert. Das nennt man Dominoeffekt (oder auch Ripple-Effekt). Im Entstehungsprozess muss ein Werk stets in seiner Ganzheit betrachtet werden, nicht in einzelnen Abschnitten. Das ist keine leichte Aufgabe.

Für diese Übung verwende ich eine andere Technik, die ich liebe, nämlich die Collage. Ich habe mit der Collage aufgehört, als ein Professor im College meinte, in seinen Augen sei das keine richtige Kunst. In Gedanken fragte ich mich zwar, was Matisse, Picasso und Rauschenberg von dieser Aussage gehalten hätten, aber ich machte trotzdem eine Weile keine Collagen mehr. Doch ich bin froh, dass ich zu ihnen zurückgefunden habe. Weil Collagen technisch anspruchslos sind, kann ich mich ganz auf die Komposition konzentrieren. Und durch Collage habe ich gelernt, den Dominoeffekt zu erkennen und auszubalancieren.

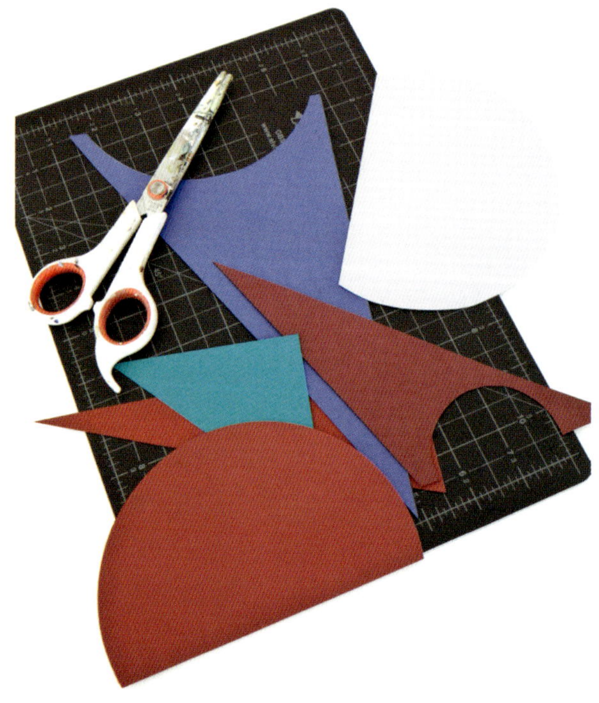

Vorbereitungen

→ **Schneiden Sie viele verschiedene organische und geometrische Formen in mehreren Größen aus. Ich schneide mein Collagematerial meistens mit der Hand, aber Sie können auch Lineale oder andere Objekte, z.B. Teller, als Schablonen benutzen.**

Der Dominoeffekt in der Praxis

→ Sortieren Sie Ihre Formen in drei Stapel: klein, mittel und groß.

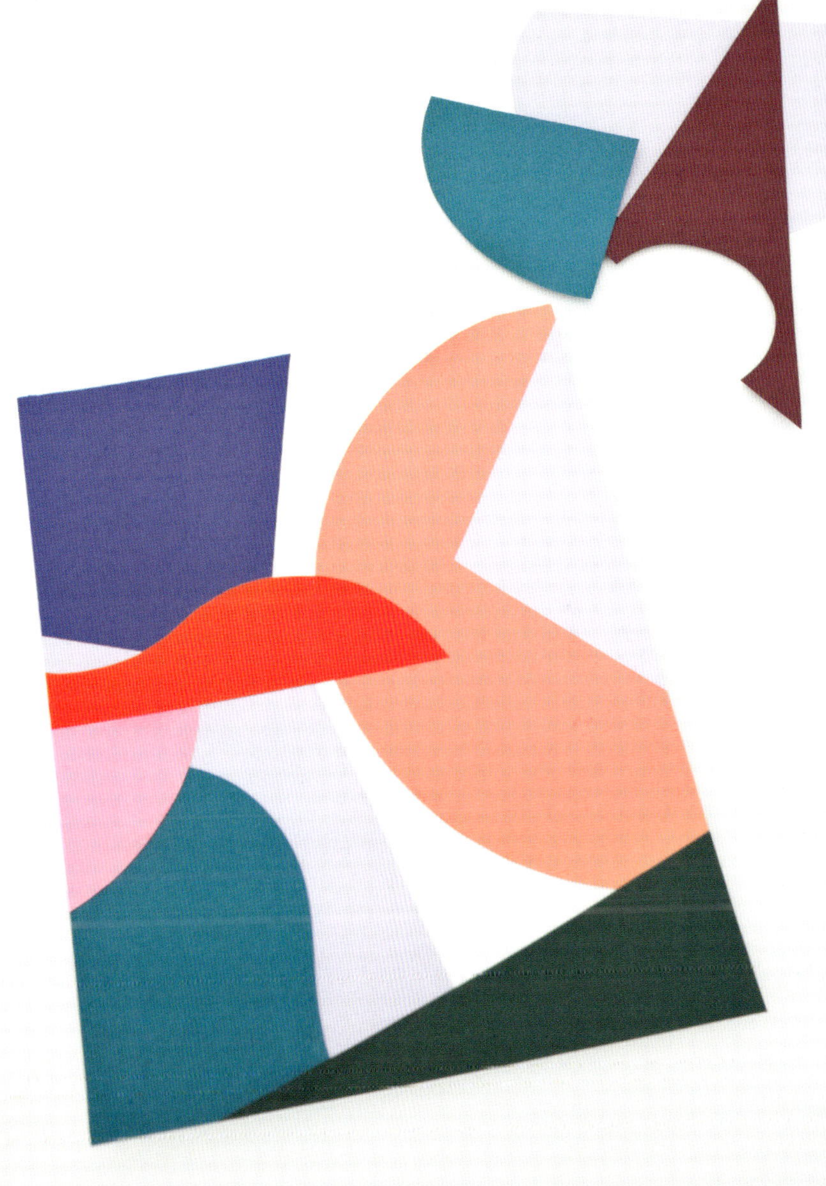

Durchführung

→ Das große Blatt Papier (ca. 20 × 25 cm) ist Ihre Basis. Es dient als Rahmen für Ihr Werk.

→ Arrangieren Sie die Formen nach und nach auf dem Blatt, wechseln Sie bei den Größen ab.

→ Beobachten Sie, wie sich die ganze Komposition vollkommen verändert, sobald Sie eine neue Form hinzufügen, egal welcher Größe oder Farbe.

Schieben Sie die Schnipsel hin und her, bis Sie das Gefühl haben, das Ganze kommt in Balance. Vielleicht müssen Sie die Schnipsel dazu weiter beschneiden oder überlappen lassen.

Sobald Sie sich für eine endgültige Gestaltung entschieden haben, machen Sie ein Foto der Arbeit (im Geiste oder tatsächlich). Es hilft Ihnen, sich beim Aufkleben an die Position der Schnipsel zu erinnern.

Nehmen Sie die Schnipsel vom Blatt und streichen Sie die Rückseite sparsam mit Heavy Matte Gel ein.

Nachdem Sie die erste Form in Position gebracht haben, drücken Sie sie mit der Gummiwalze an und verteilen damit das Matte Gel gleichmäßig. So entfernen Sie auch eventuelle Blasen unter dem Schnipsel. Legen Sie als Schutzschicht ein sauberes Tuch oder ein Stück Papier zwischen ihre Arbeit und die Gummiwalze.

Sobald alle Teile aufgeklebt sind, beschweren Sie das Ganze mit einem Brett oder Büchern und lassen es mindestens 24 Stunden trocknen.

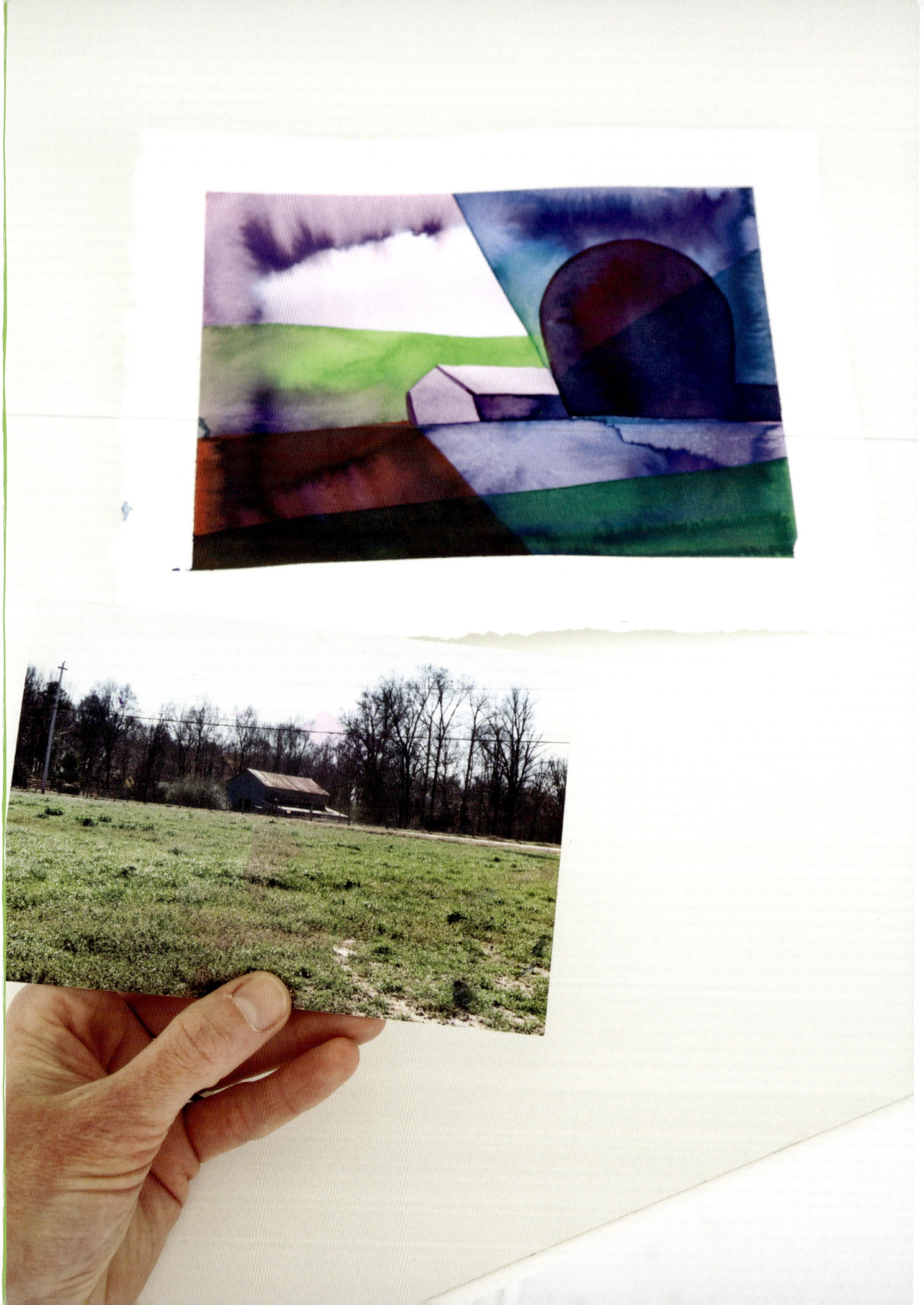

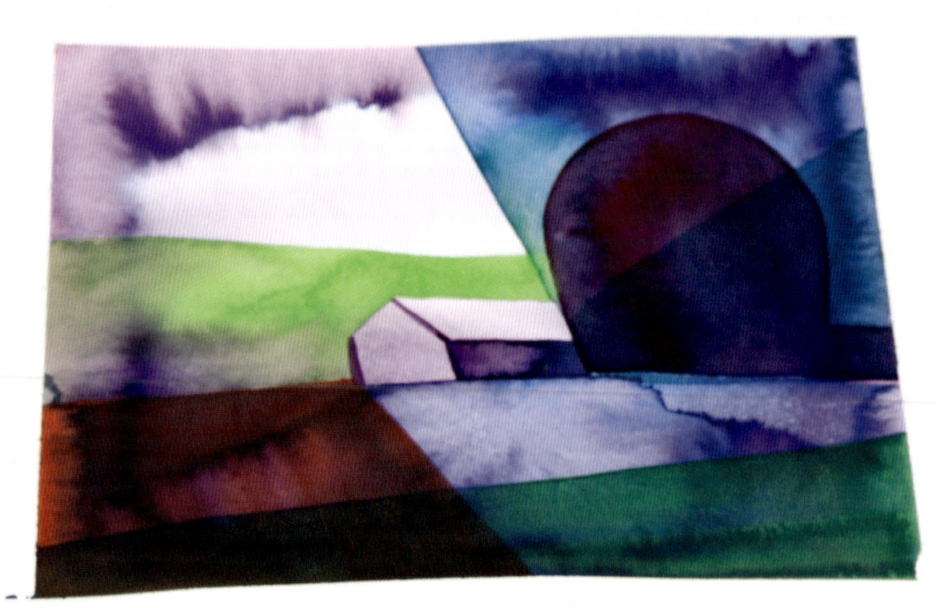

ÜBUNG 7

Abstraktion einer Landschaft

Drei Methoden mit Aquarellfarben

Landschaften zählen in allen Kulturen seit jeher zu den beliebten und bedeutsamen Sujets. Traditionelle Landschaftsdarstellungen bilden meist Berge, Bäume, Flüsse, Seen, Wälder etc. ab. Die Bildebene einer Landschaft ist in zwei Bereiche unterteilt, der Horizont trennt das Land vom Himmel.

Seit ich angefangen habe zu malen, habe ich Freude an Landschaftsdarstellungen. Sie dokumentieren ein Stück Naturgeschichte und können beim Betrachten eine persönliche Verbindung und Stimmung hervorrufen. Es fasziniert mich, dass Landschaften das ohne Worte oder figurative Elemente können.

In dieser Übung zerteilen wir eine Landschaft in ihre Grundkomponenten und machen diese zum Thema Ihrer Arbeit. Wir tun dies ausschließlich mit Aquarellfarben und erörtern dabei einige grundlegende Aquarelltechniken.

MATERIAL

drei verschiedene Landschaften aus Fotos, Zeitschriften oder Büchern. Sie sollten nicht zu ähnlich aufgebaut sein - eine zum Beispiel mit viel offenem Himmel, eine andere mit Wasser.

drei Bögen Aquarellpapier, geschnitten oder gerissen

- ein quadratisches Format (20 × 20 cm)
- ein horizontales Format (20 × 25 cm)
- ein vertikales Format (25 × 20 cm)

weiche runde und flache Synthetikhaarpinsel in verschiedenen Größen, auf jeden Fall ein flacher Pinsel (5 cm breit)

Auswahl von Aquarellfarben, darunter kühle Farben (z. B. Blau, Türkis- und Grüntöne) und warme Farben (z. B. Rot-, Rosa- und Orangetöne), das sorgt für Kontrast und interessante Spannung

2,5 cm breites Malerkrepp oder Abdeckband

Acrylglasplatte, z. B. Plexiglas (ca. 46 × 61 cm)

Drehbleistift HB zum Zeichnen

Vorbereitungen

- Messen Sie an allen drei Blättern innen 2,5 cm ab und kleben Sie jeweils einen Rahmen ab.
- Dann fixieren Sie ein Blatt mit Klebeband auf Ihrer Acrylplatte. So kann sich das Papier nicht durch Wasser verziehen.
- Nehmen Sie ein Landschaftsbild als Vorlage und zeichnen Sie zart Ihre Komposition ein, indem Sie sich ganz auf die Konturen und Formen auf dem Bild konzentrieren.

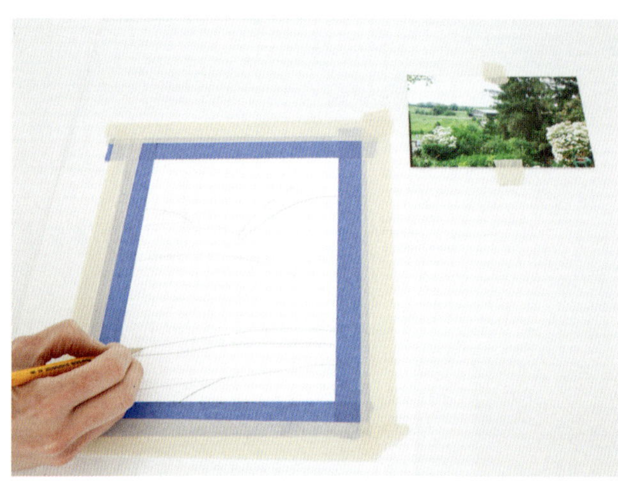

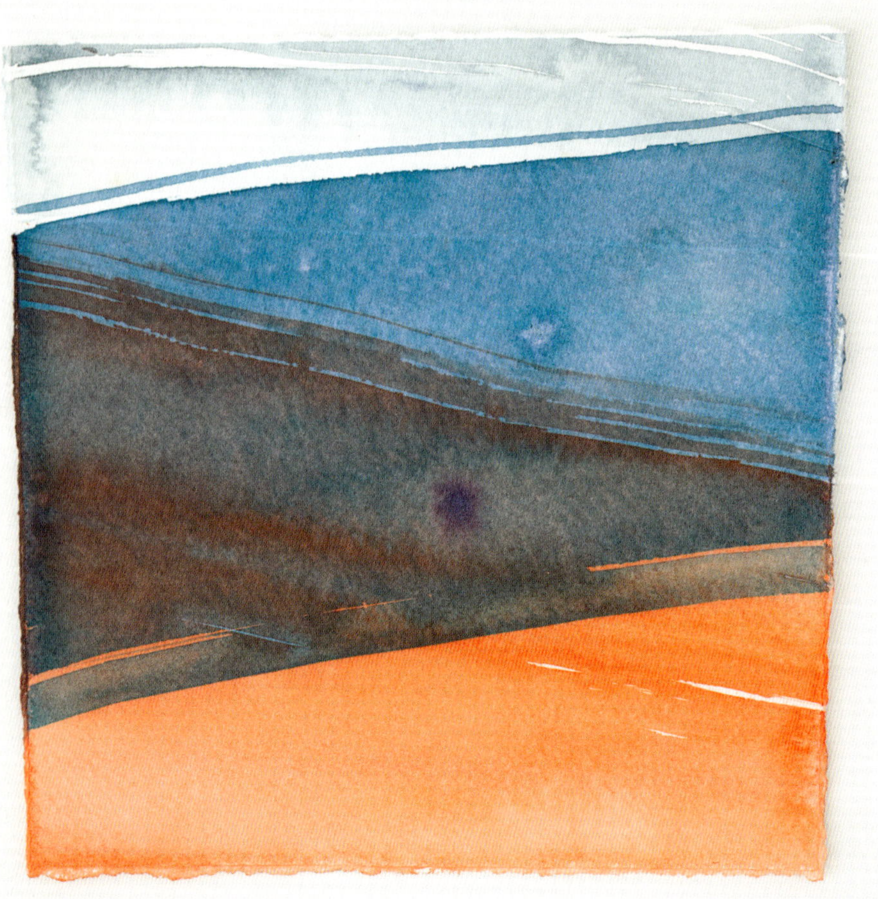

Durchführung

- Tragen Sie auf das ganze Blatt eine helle Lavur einer transparenten Farbe auf. Diese dient Ihnen als Grundfarbe. Lassen Sie sie vollständig trocknen.
- Auf dieser ersten Farbe aufbauend, stelle ich Ihnen drei Aquarelltechniken vor, mit denen Sie beim Abstrahieren Ihrer Landschaft experimentieren können.

1. **LASUREN UND TRANSPARENZEN.** Aquarellfarben sind von Natur aus transparent. Diese Transparenz können Sie sich zunutze machen, indem Sie Farben übereinanderlegen, die eine dritte, vierte oder sogar fünfte Farbe erzeugen. Für diese Technik müssen Sie die Farben vollständig trocknen lassen, bevor Sie die nächste Schicht hinzufügen.

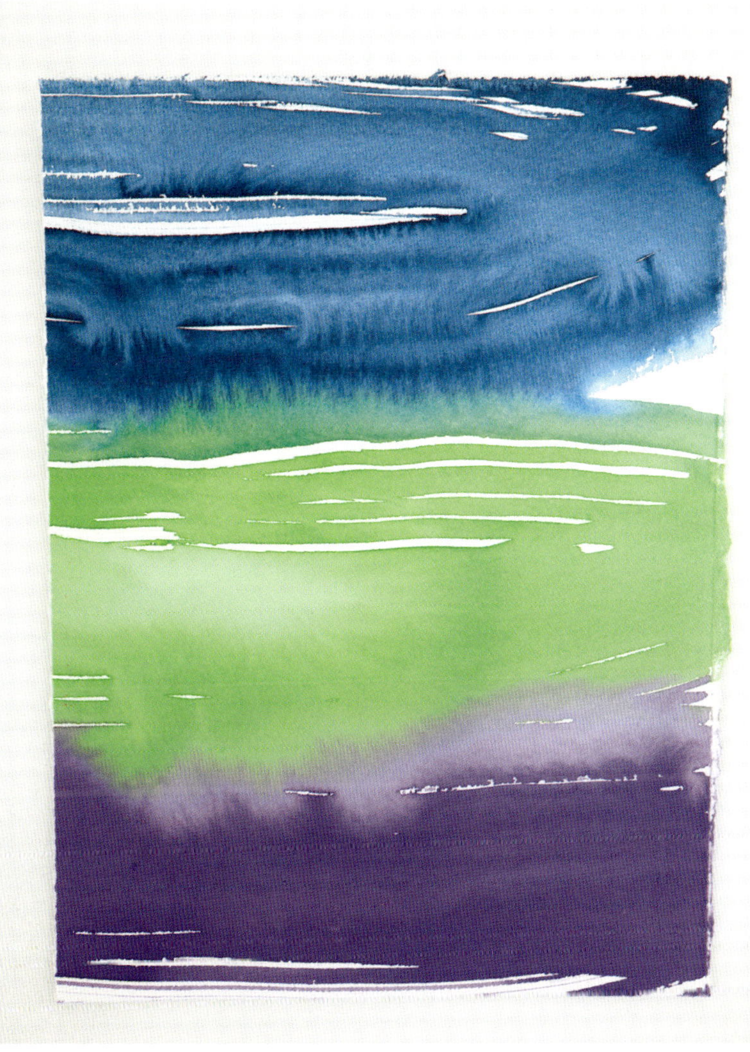

2. **INEINANDERLAUFEN UND AUSBLÜHEN.** Wenn Sie zwei Aquarellfarben auf eine trockene Oberfläche auftragen und sie sich leicht berühren lassen, laufen sie auf wunderschön weiche Art und Weise ineinander. Das Ergebnis erinnert manchmal an einen aufgeschnittenen Blumenkohl. Lassen Sie das Blatt ungestört trocknen, denn wenn Sie es vorher bewegen, kann das den Effekt zerstören.

3. **FARBVERLAUF.** Großartig für Wasserflächen oder Himmel. Machen Sie das ganze Blatt nass, nehmen Sie mit dem Pinsel viel Farbe auf und tragen diese nur im oberen Bereich des Blatts auf. Dann stellen Sie die Plexiglasplatte mit dem aufgeklebten Papier senkrecht, sodass die Farbe durch die Schwerkraft langsam nach unten rinnen kann. Die größte Farbkonzentration bleibt am oberen Blattrand erhalten.

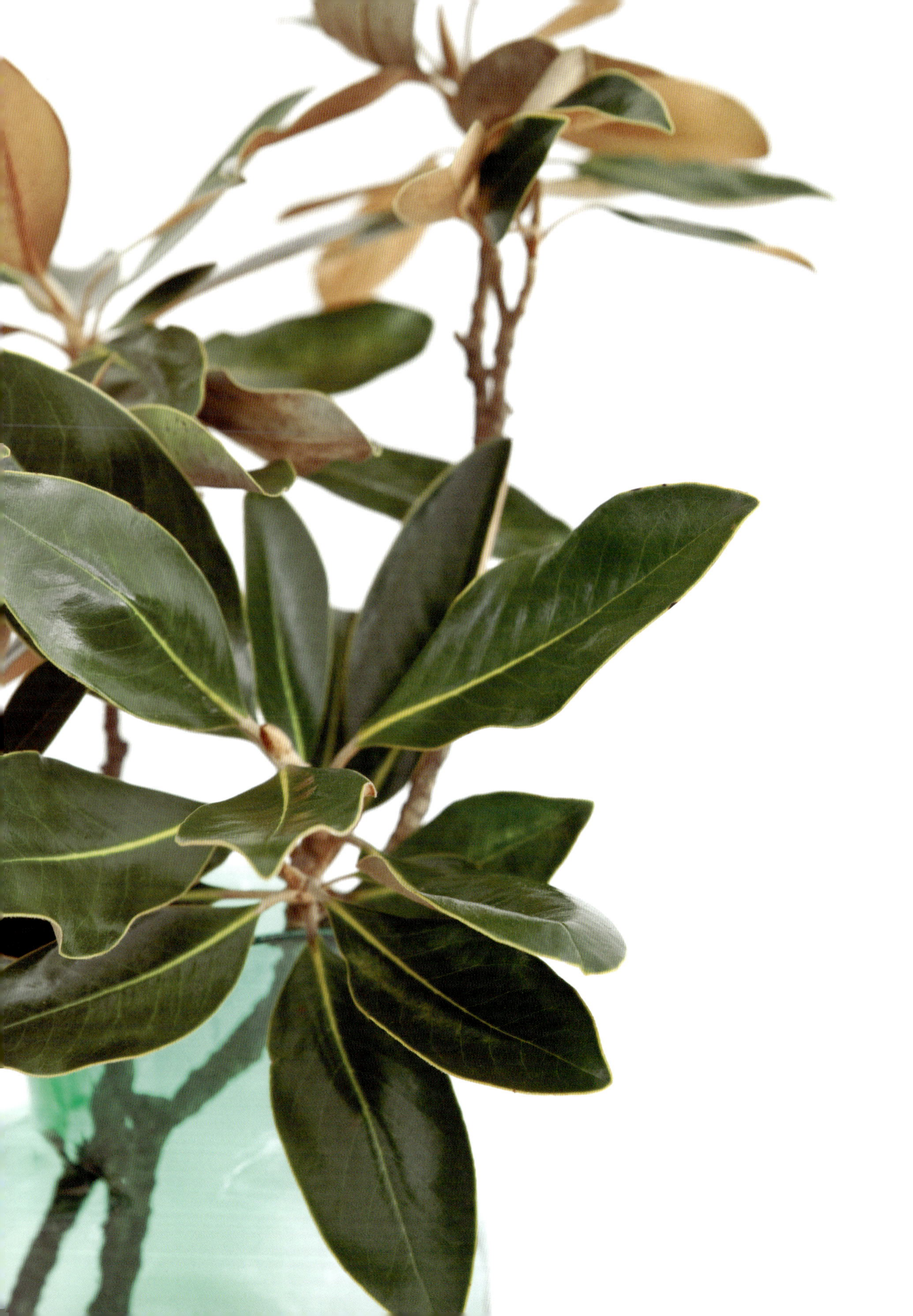

4. KAPITEL

EIN BILD PLANEN

»Am Anfang meiner Werke stehen immer Zeichnungen.«

ELLSWORTH KELLY

Es gibt zwei Herangehensweisen an den kreativen Prozess. Zum einen Künstler und Künstlerinnen wie mich, die sich mal mit mehr, mal mit weniger Planung ins Malen stürzen. Das kann funktionieren: Eine Idee entwickelt sich, Probleme werden geklärt, und irgendwann gibt es irgendwie eine »Lösung«. Etwas hinzufügen oder das Werk weiter bearbeiten kann man später immer noch. Der einzelne Pinselstrich ist nicht besonders bedeutsam und nicht das Ergebnis einer bewussten Entscheidung.

Auf der anderen Seite gibt es Kreative, die sich auf jede Spur, jede Linie und jede Form konzentrieren. Wenn sie sich der Leinwand nähern, dann immer mit Richtung, Absicht und Ziel. Ich male nicht so konzentriert und selbstkontrolliert, doch ich schätze diese Arbeitsweise sehr. Ich möchte Ihnen beide Ansätze nahebringen, denn Sie sollen nicht nur ausdrucksstarke Kunstwerke schaffen, sondern auch eine starke Künstlerpersönlichkeit werden.

Die Übungen in diesem Kapitel loten das Verlangsamen des künstlerischen Prozesses aus, erläutern, wie man planvoll arbeitet und von Anfang an lernt, die eigenen Bilder zu überarbeiten.

»Aus der Ferne sieht sie gerade aus, aber wenn man näher herantritt,
erkennt man, dass die Linie zittert.
Und ich finde, darin liegt ihre Schönheit.«

MARGARET KILGALLEN

ÜBUNG 8

Die Blindzeichnung

Zeichnen, was Sie sehen, nicht, was Sie wissen

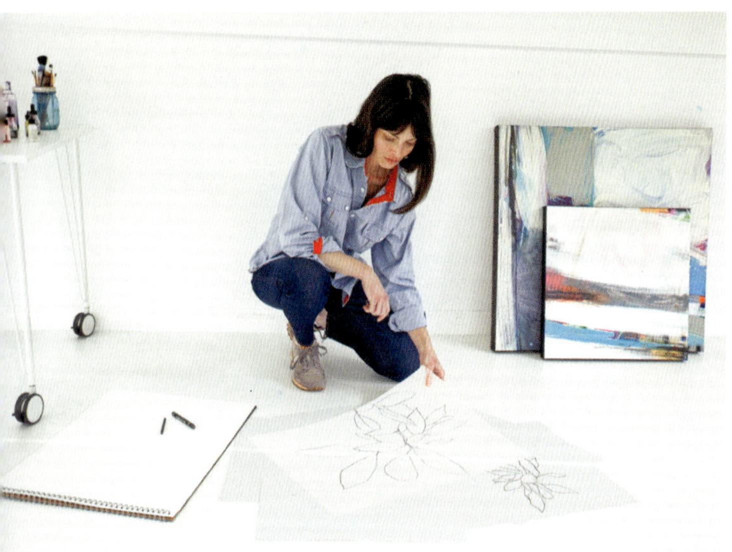

MATERIAL

- Skizzenbuch
- Bleistift
- Zeichengegenstand

Die Kontur ist die Linie, die eine Form definiert. Sie ist eines der grundlegenden Elemente der Kunst und des Zeichnens und das Fundament für Ihre komplexeren Arbeiten. Wenn ich mich beim Zeichnen ganz auf die Kontur konzentriere, muss ich mich nicht um komplizierte Dinge wie Farben, Schatten, Struktur etc. kümmern. Planvoll zu arbeiten bedeutet, zu lernen und zu begreifen, was Ihnen in Ihrem Kunstwerk am wichtigsten ist. Sobald Sie das geklärt haben, kann es entstehen.

Das Blindzeichnen kommt gern in Kunstkursen zum Einsatz. Es geht darum, ein Objekt zu zeichnen, ohne auf das Blatt zu schauen. Das mag seltsam erscheinen, doch diese Übung schult das Zusammenspiel von Auge, Gehirn und Motorik. Es zwingt Sie zudem, Ihr Objekt genau zu betrachten. Wer in der Kunst planvoll vorgehen will, braucht Gerichtetheit und Ziel. Blindzeichnen ist eine tolle Methode, beides zu erreichen. Es lehrt, aufmerksam und präsent zu bleiben. Ein ehemaliger Lehrer sagte gern: »Zeichnen Sie, was Sie sehen, nicht, was Sie wissen.«

Vorbereitungen

Für diese Übung schlage ich vor, den Bleistift zu benutzen statt Stift oder Tusche, damit die Linien nicht zu sehr variieren. Arrangieren Sie ein Stillleben oder engagieren Sie ein Modell. Das Stillleben sollte nicht zu kompliziert sein und aus Objekten mit klaren Konturen, zum Beispiel Vasen, Schalen, Flaschen oder Früchten, bestehen. Verwenden Sie dabei keine Stoffe, denn Falten sind sehr knifflig zu zeichnen.

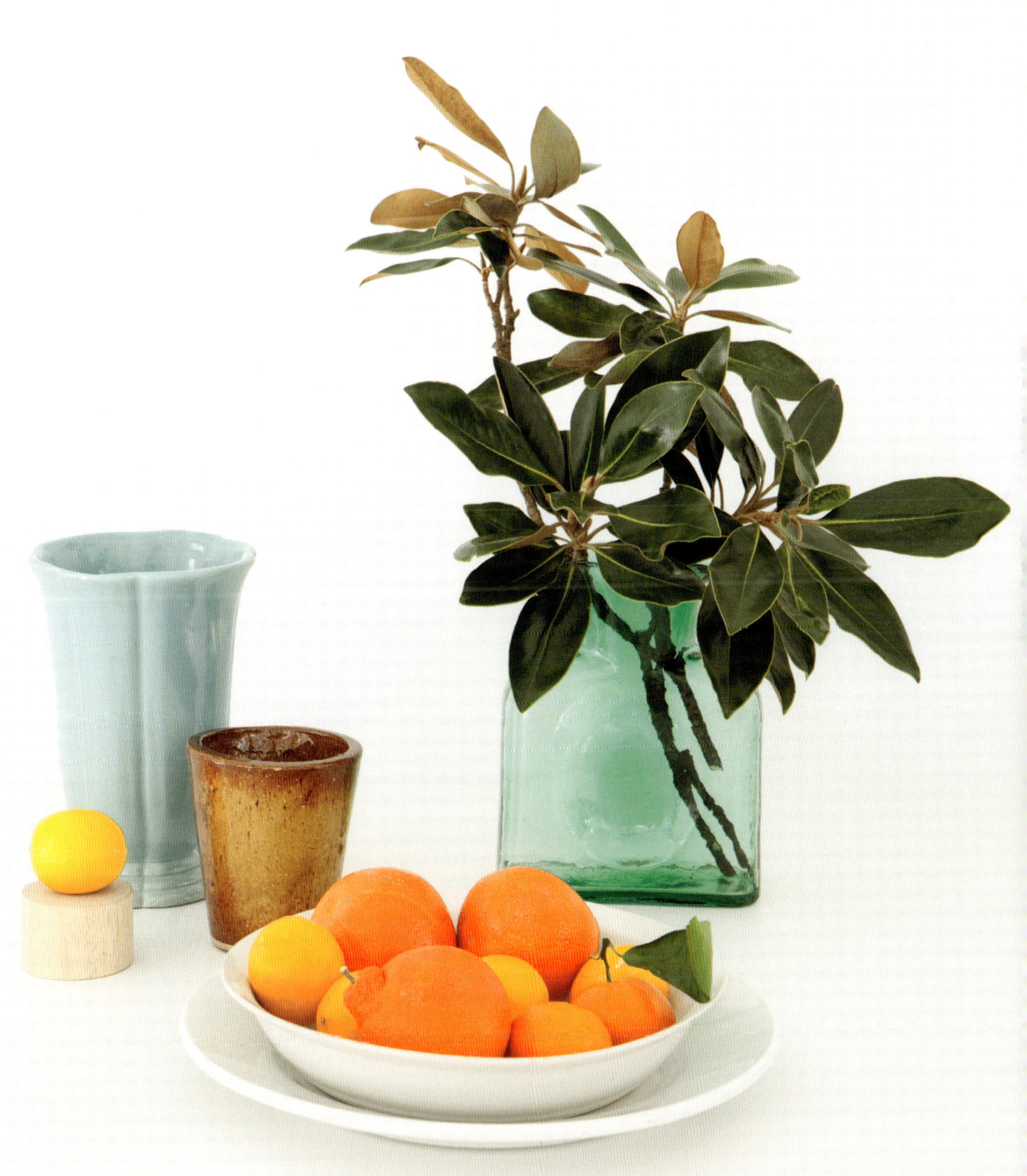

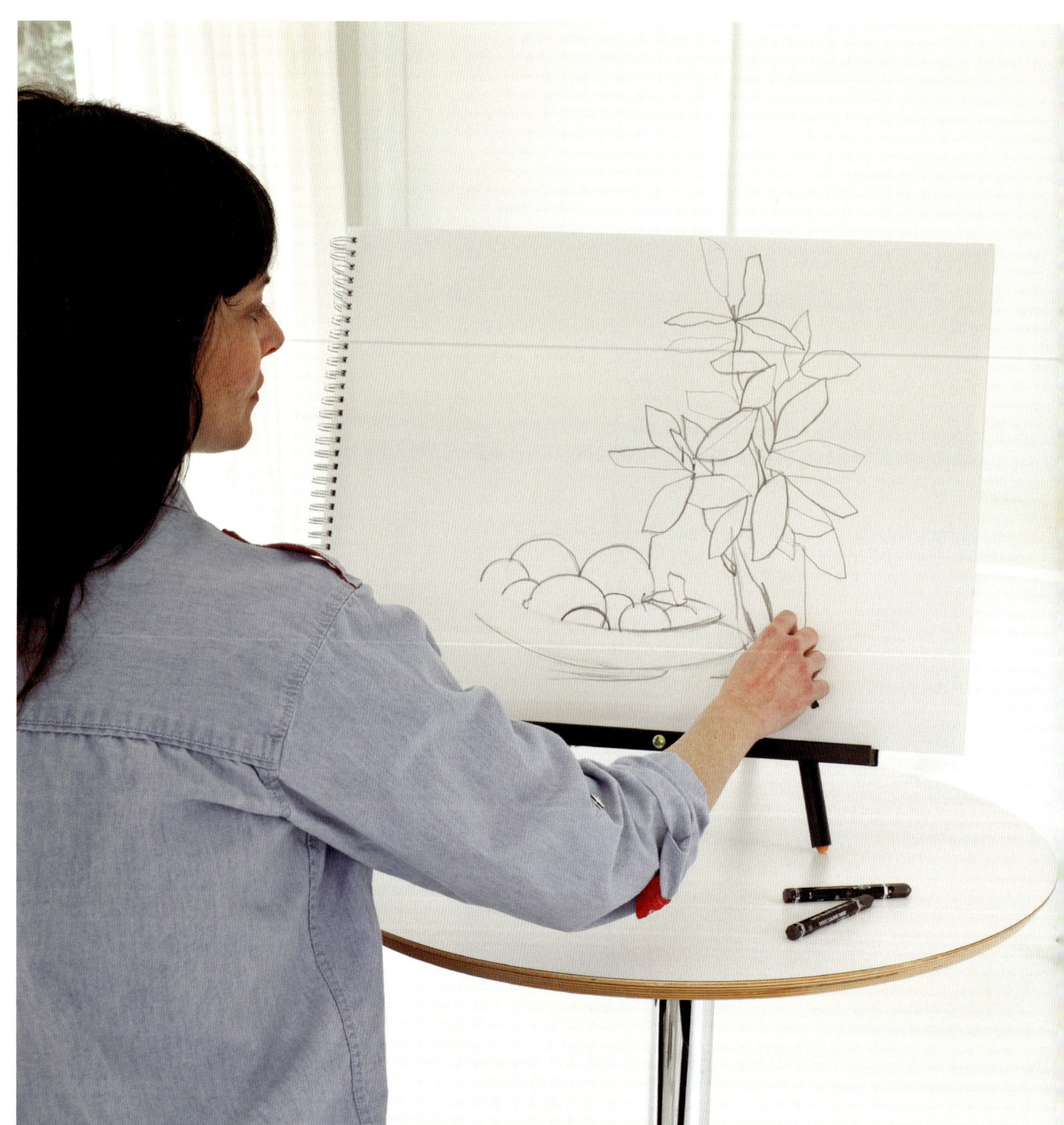

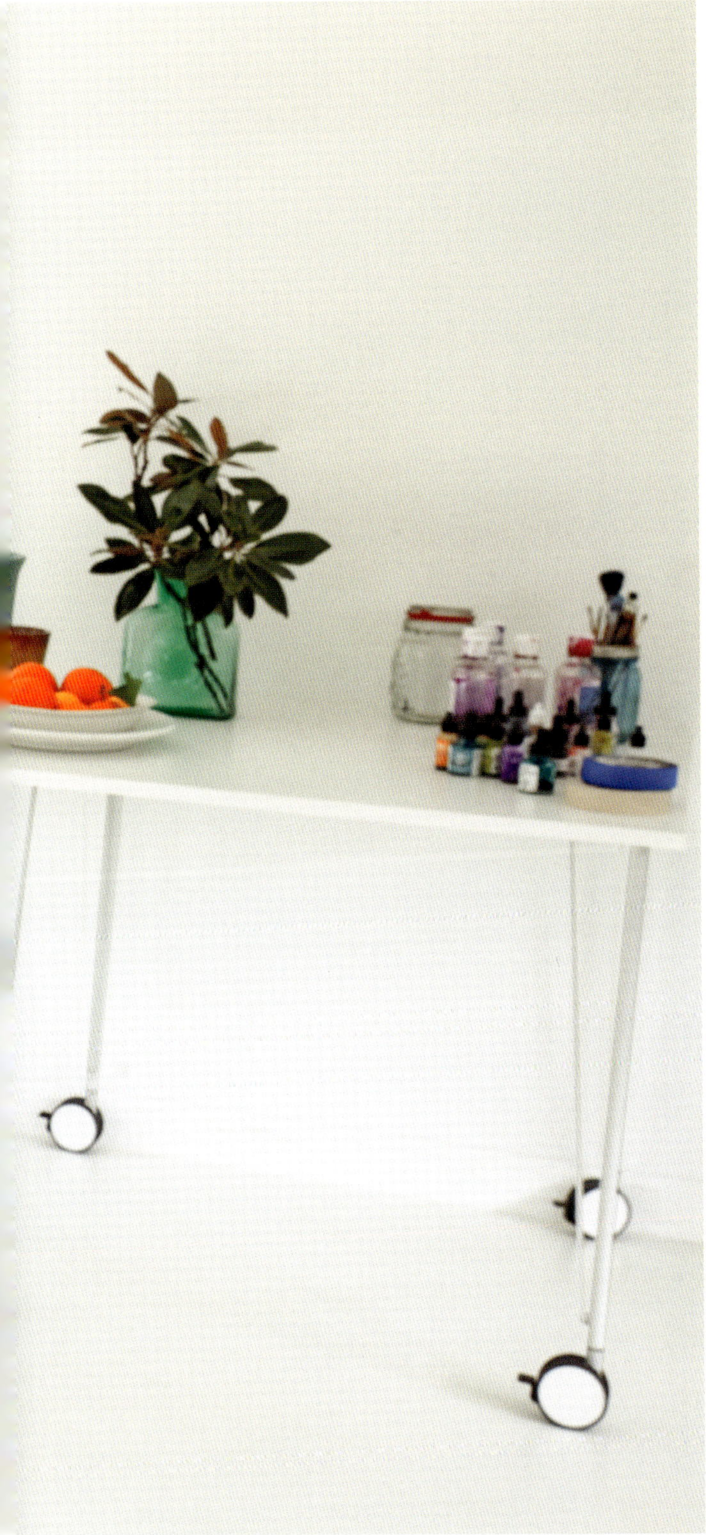

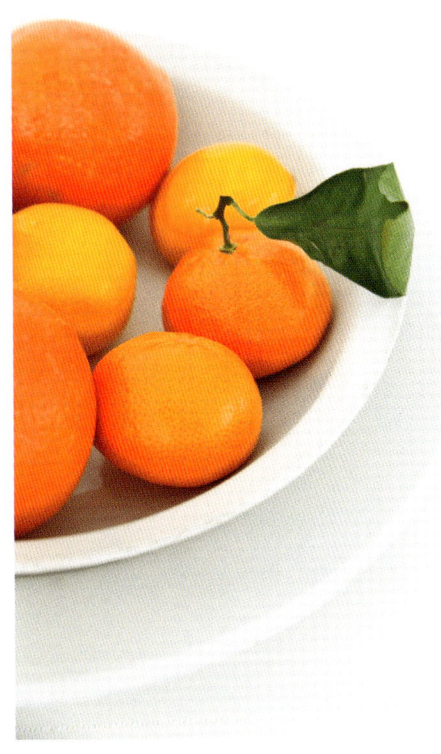

Durchführung

- Richten Sie den Blick zunächst auf den Rand Ihres Objekts. Lassen Sie den Blick an dieser Linie entlangwandern, während Sie sie langsam ins Skizzenbuch zeichnen. Das mag Ihnen komisch und schwierig vorkommen. Es geht nicht darum, das Objekt korrekt abzubilden, sondern das Objekt, das Sie zeichnen, aufmerksam zu betrachten.
- Wiederholen Sie diese Übung mehrmals. Zeichnen Sie dasselbe Objekt mehrfach auf dasselbe Blatt. Dann vergleichen Sie die Versionen.

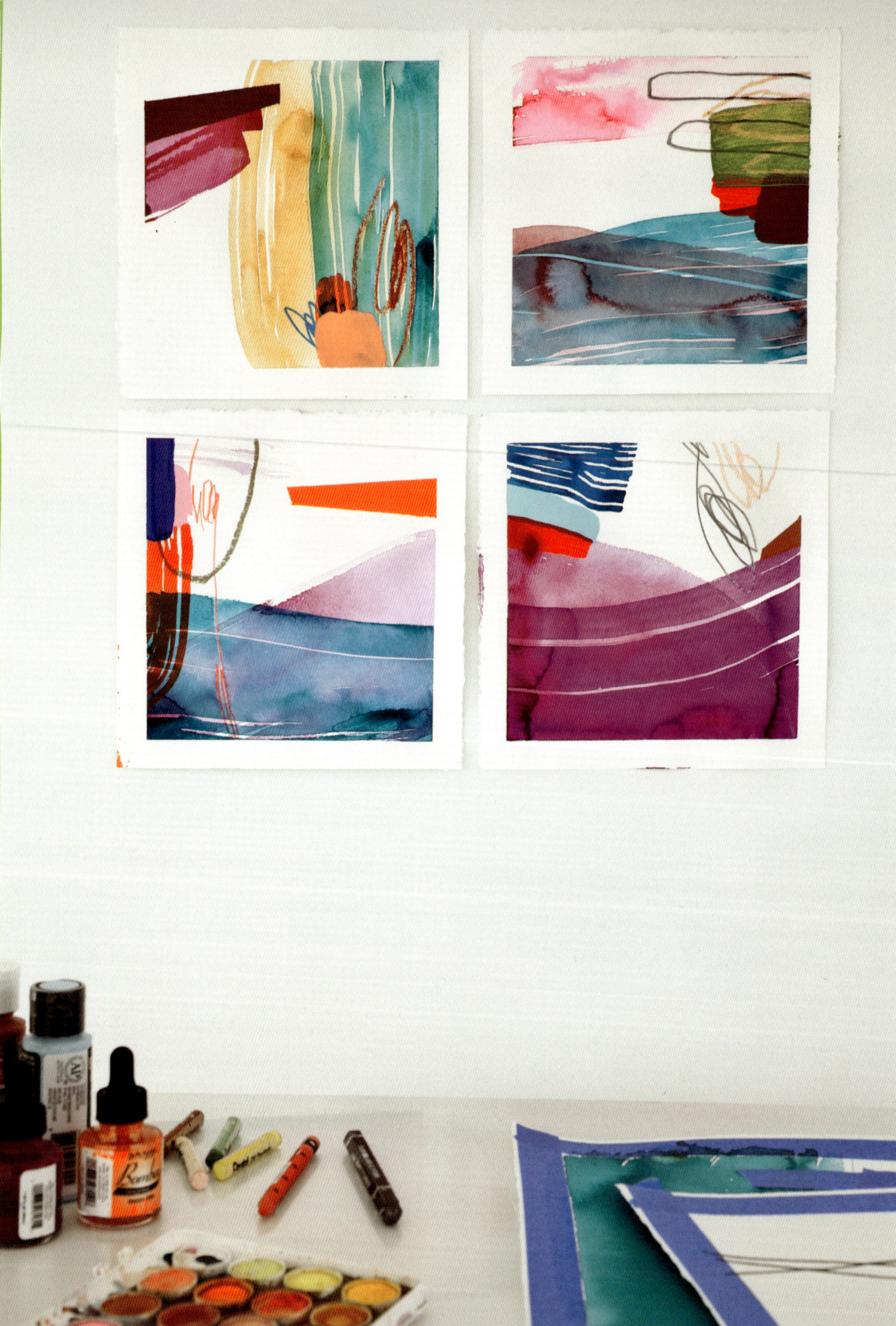

ÜBUNG 9

Das Wesentliche entdecken

Planvolles Markmaking

MATERIAL

vier Blätter raues 300-Gramm-Aquarellpapier oder dickes Mixed-Media-Papier (ca. 30 × 30 cm), geschnitten oder gerissen

mehrere Acrylfarben, Tuschen oder Aquarellfarben Ihrer Wahl

runde und flache Pinsel in verschiedenen Größen, mindestens ein flacher Pinsel (5 oder 7,5 cm breit)

2,5 cm breites Malerkrepp

Bleistifte, Buntstifte, Pastellkreiden oder Ölpastellkreiden für die Linien

Diese Übung beruht auf dem inneren Gedankenprozess beim Malen. Sie sollen sich Fragen stellen und Ihr Markmaking und Ihre Pinselstriche bewusst planen, bevor Sie sie ausführen. Es bedeutet, alles, was unnötig ist, wegzulassen, um die Bestandteile entdecken zu können, die wirklich wichtig sind.

Vorbereitungen

→ Bereiten Sie auf dem Boden oder auf dem Tisch eine gut geschützte Arbeitsfläche vor.

→ Stellen Sie mehrere Behälter mit sauberem Wasser für Pinsel bereit.

→ Zeichnen Sie jeweils ein Quadrat von 25 × 25 cm auf Ihre quadratischen Blätter (ca. 30 × 30 cm) und kleben Sie dieses ab.

Durchführung

→ Beginnen Sie bei jedem Blatt mit einer anderen Technik.

→ Beim ersten setzen Sie mit Bleistift, Buntstiften oder Pastellkreiden ein paar fließende Spuren und Linien.

→ Beim zweiten tragen Sie mit einem flachen Pinsel (5 oder 7,5 cm) stark verdünnte Tusche oder Aquarellfarbe lavierend auf.

- Beim dritten Blatt wählen Sie eine leuchtende, ausdrucksstarke Farbe, die so richtig ins Auge springt. Mit einem sehr kleinen Pinsel umreißen Sie eine Kontur oder malen eine feste Form.
- Beim vierten Blatt lassen Sie beim Markmaking Ihrer Kreativität freien Lauf. Kleben Sie zum Beispiel einen bestimmten Bereich ab und setzen eine feste, kühne Form auf das Papier oder nehmen Sie ein ungewöhnliches Werkzeug, etwa eine Zahnbürste, einen Schwamm oder ein Stöckchen, um Linien oder farbige Bereiche zu schaffen. Genießen Sie das Experimentieren damit, wie viele schöne und überraschende Effekte Ihnen gelingen.
- Wechseln Sie über mindestens drei Zyklen zwischen diesen vier Herangehensweisen.

Jedes Mal die Art des Markmaking und der Pinselführung zu wechseln verlangsamt den kreativen Prozess. Sie legen zwischen den einzelnen Entscheidungen eine Pause ein, in der Sie sich das Ergebnis vorher vorstellen. Da nichts von dem, was auf dem Papier ist, ausradiert oder übermalt werden kann, müssen Sie genau überlegen, wie Ihre Komposition aussehen soll und wie Sie Ihr Ziel erreichen. Dies ist eine Möglichkeit, planvoll zu arbeiten.

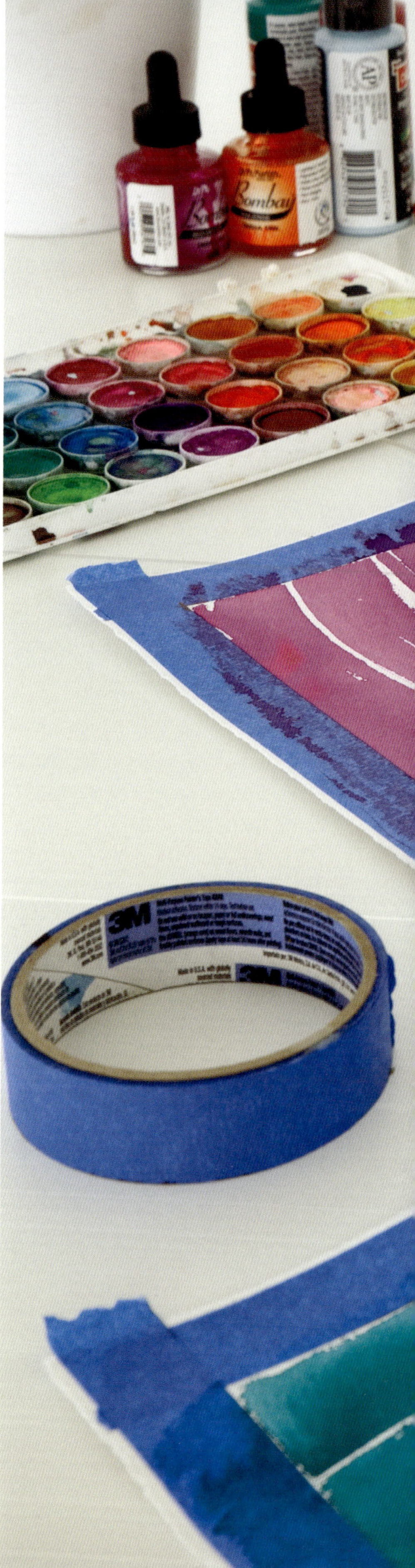

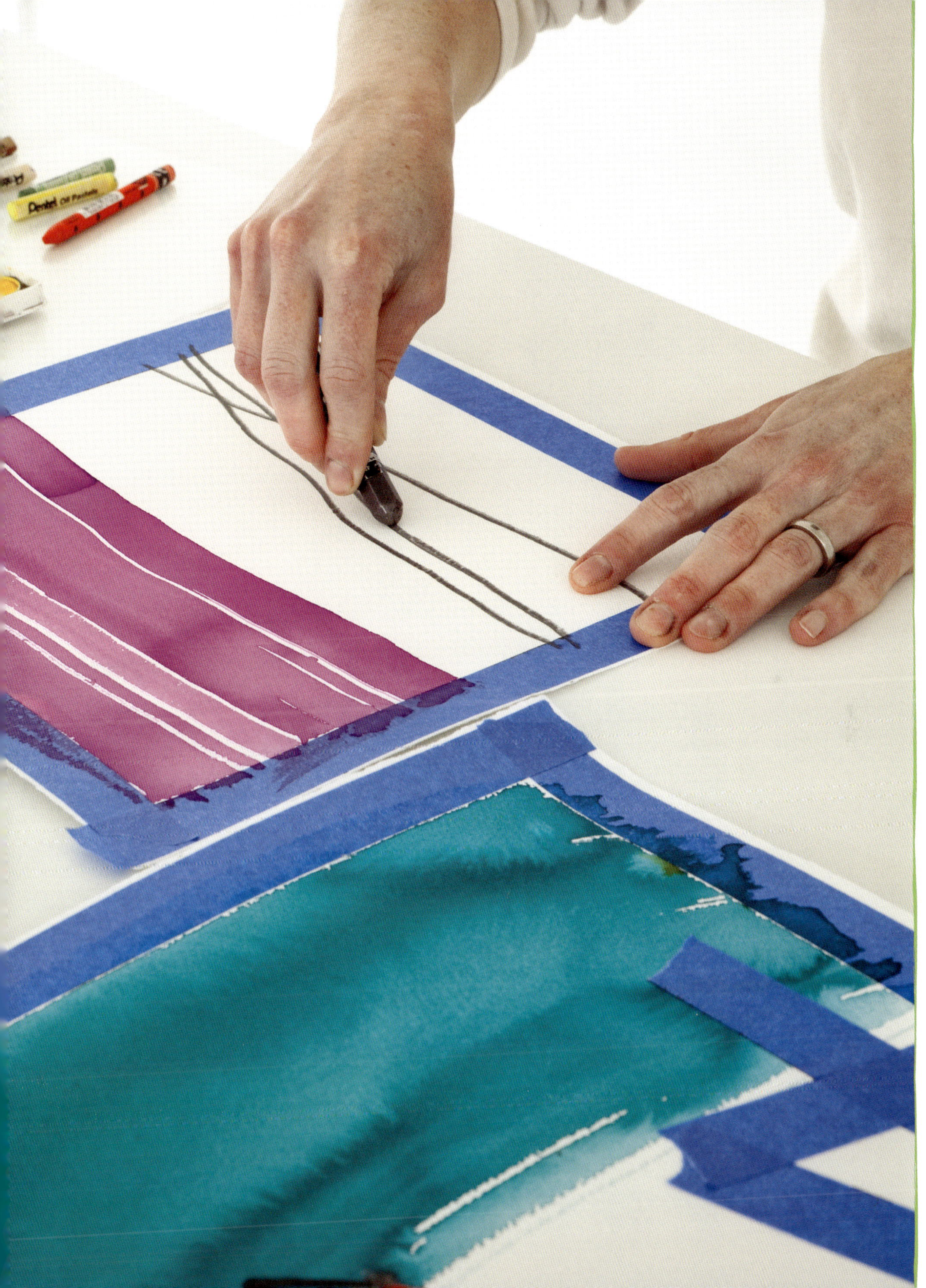

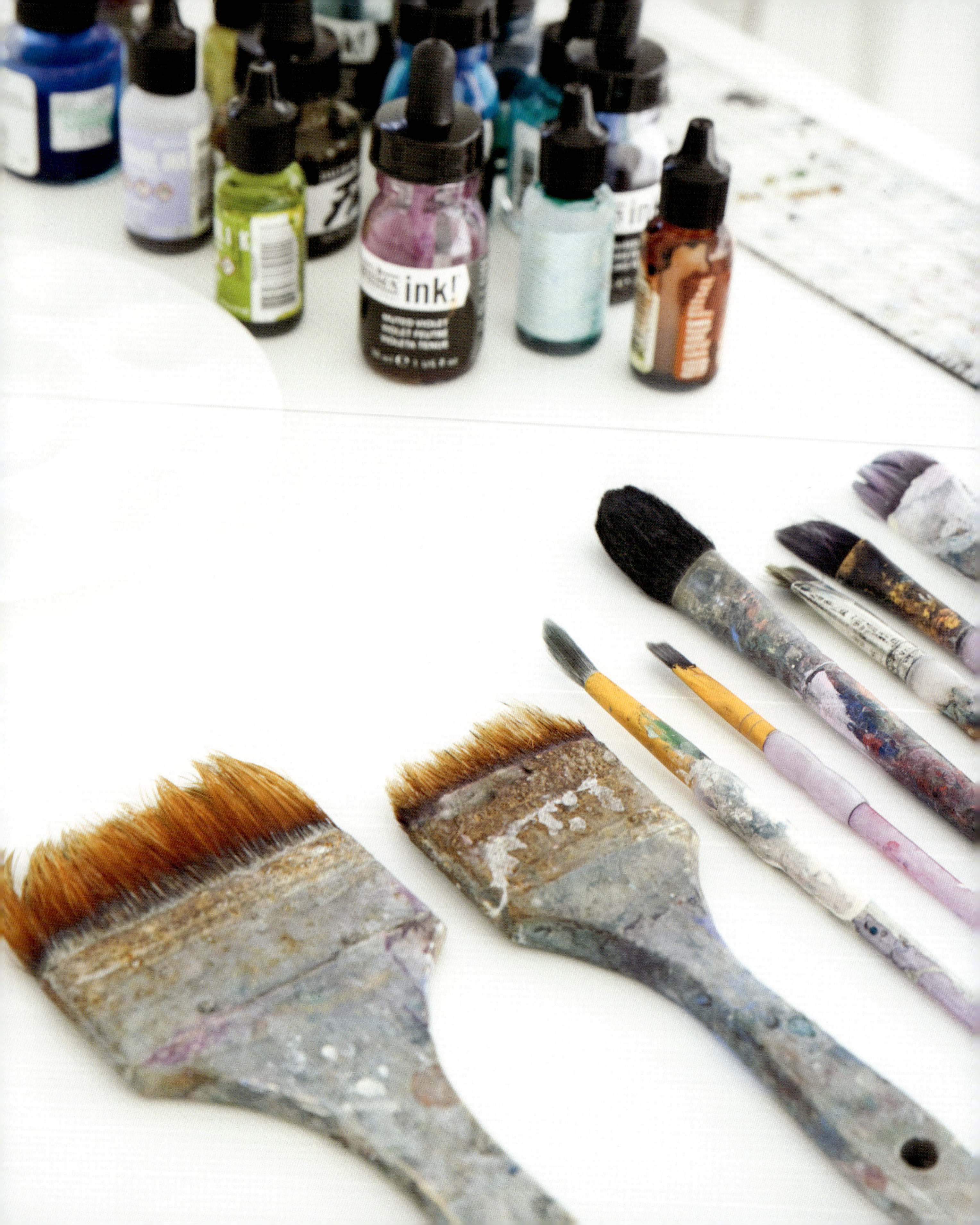
ink!

5. KAPITEL

MIXED-MEDIA-WERKZEUGE ERKUNDEN

»Man muss wissen, wie man den Zufall nutzt, erkennt, kontrolliert und ausschaltet, damit die ganze Fläche aussieht wie in einem Guss gefühlt und geboren.«

HELEN FRANKENTHALER

Wenn Sie malen, besonders wenn Sie abstrakt arbeiten, gibt es bei den Materialien keine Grenzen. Der schulische Kunstunterricht konzentriert sich weitgehend auf traditionelle Mal- und Zeichenmaterialien und -techniken. Das sorgt für eine solide Wissensgrundlage, kann aber auch eine Einschränkung sein.

Bei Materialien und Werkzeugen einen Gang höher zu schalten kann motivierend und inspirierend sein. Ich halte ständig Ausschau nach neuen Farben, Hilfsmitteln, Tuschen, Buntstiften, Markern etc. und probiere sie aus. Parallel dazu experimentiere ich unablässig mit Materialien, die nicht unbedingt aus dem Künstlerbedarfshandel kommen. Manchmal scheitern diese Versuche, aber manchmal verhelfen sie auch zu einem richtigen Durchbruch und geben einem Werk eine vollkommen neue und frische Richtung.

Experimentieren Sie und stellen Sie fest, wie diese neuen unkonventionellen Materialien sich verhalten. Sobald Sie eine klare Vorstellung davon haben, in welcher Art sie Ihre Arbeit beeinflussen, können Sie sie ganz gezielt und souverän einsetzen. Bei dieser Übung greifen wir zu einigen meiner liebsten unkonventionellen Künstlermaterialien. Auf den folgenden Seiten finden Sie eine recht umfangreiche Liste. Probieren Sie Verschiedenes aus und erweitern Sie die Grenzen Ihrer Arbeit.

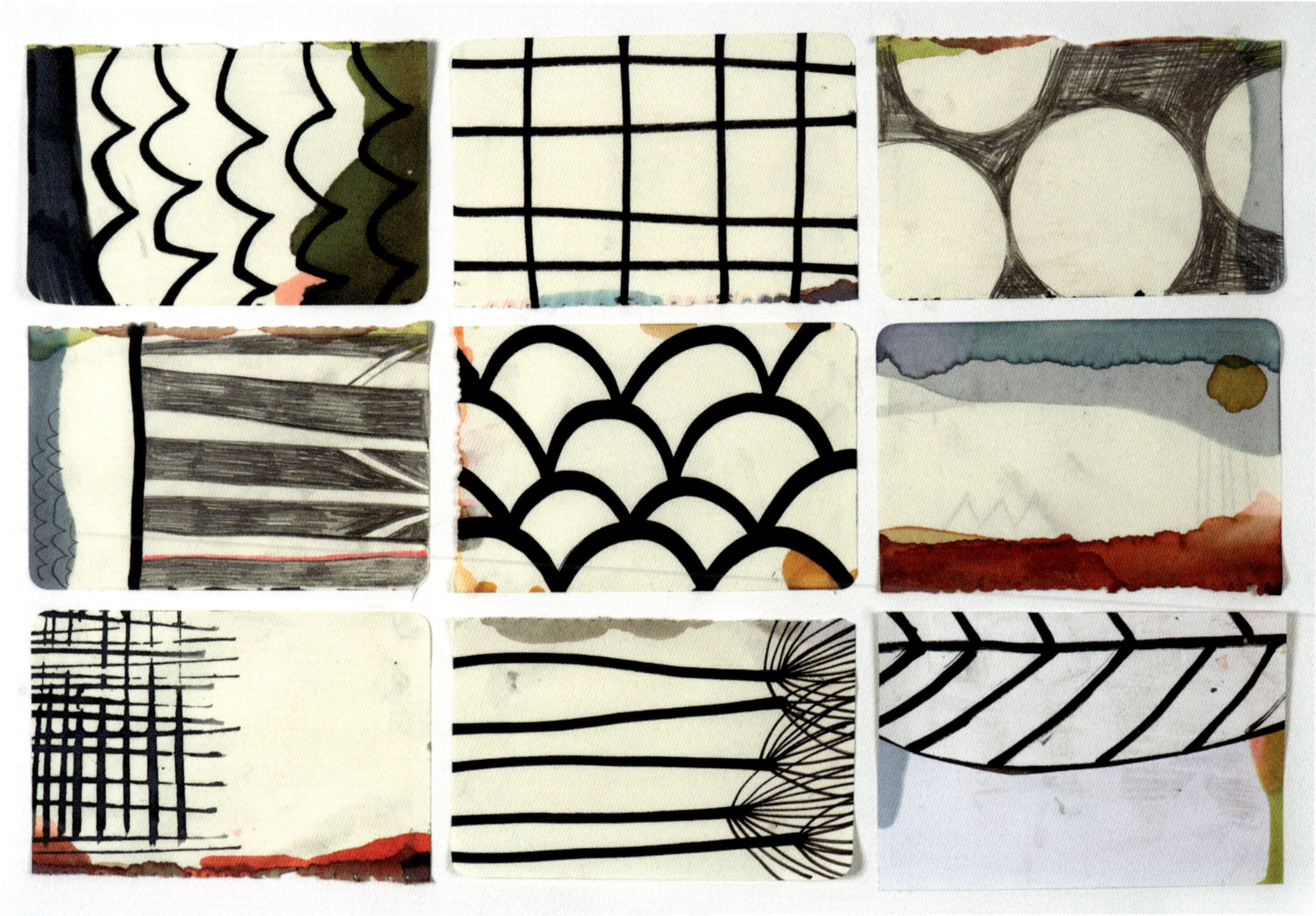

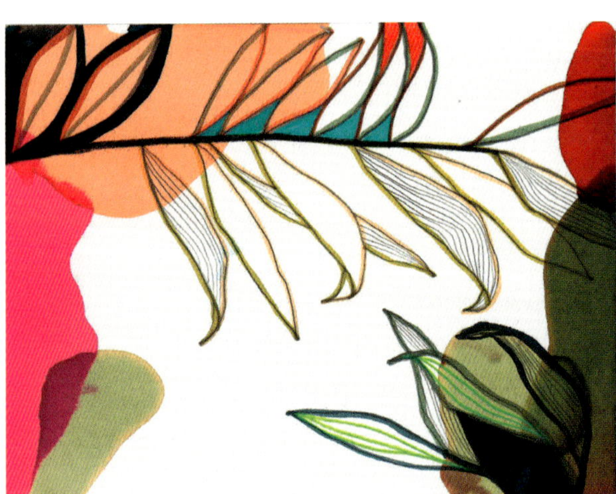

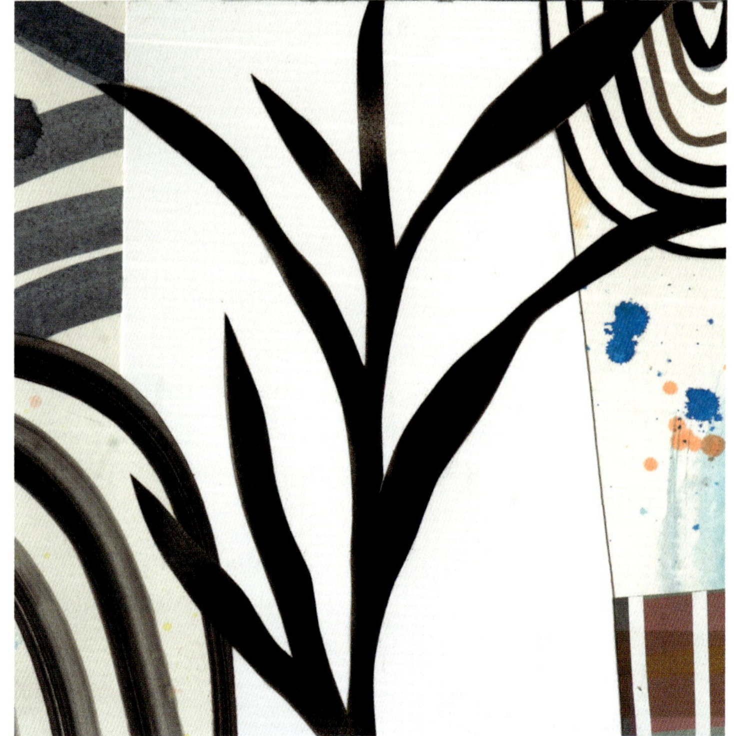

Kunstwerke, die mit unkonventionellen Materialien geschaffen wurden – Schwämmen, Trinkhalmen, Sprühfarben, Korrekturflüssigkeit, Permanentmarkern und Holzbeize

Unkonventionelle Materialien

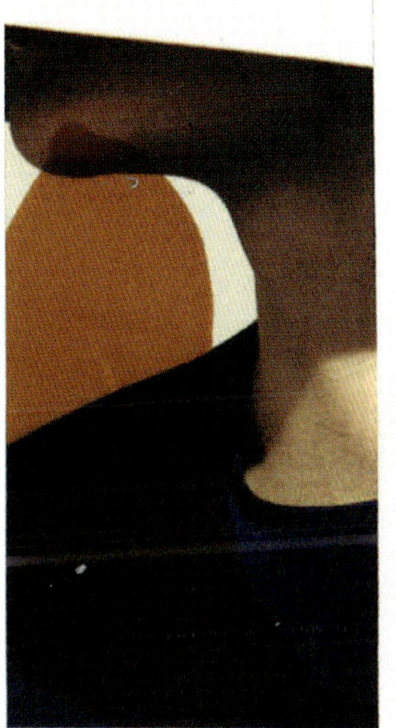

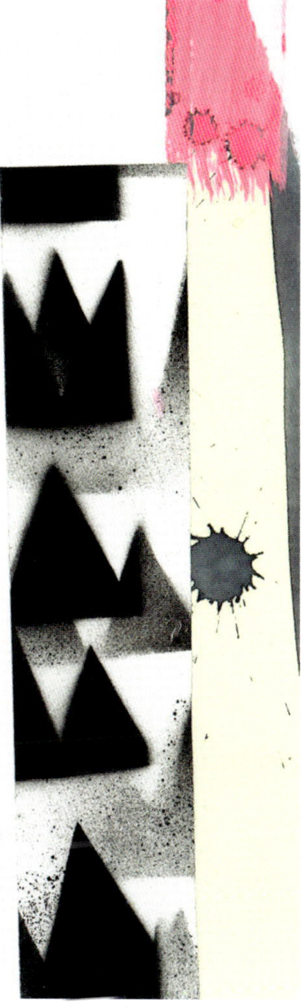

- → Sprühfarben
- → Holzleim (Weißleim)
- → Salz
- → Holzbeize
- → Trinkhalme
- → Garn
- → Lebensmittelfarben
- → Permanentmarker
- → Kaffee/Tee
- → Korrekturflüssigkeit wie Tipp-Ex
- → Schwämme
- → Polyurethanlack
- → Abdeckband/Malerkrepp
- → Reinigungsalkohol/Hamameliswasser

SPRÜHFARBEN

Sprühfarben sind toll für abstrakte Kunst. Doch ich muss unbedingt darauf hinweisen, dass Sie sie nur draußen oder in einem gut belüfteten Raum einsetzen sollten. Oder mit Mundschutz. Mit Sprühfarben können Sie dicke und dünne Linien und Konturen erzeugen sowie kompakte Formen schaffen und ausfüllen. Sie trocknen schnell, was gut ist, denn so kommt der Schaffensprozess nicht ins Stocken. Für dünne Linien halten Sie die Düse nur 2,5 bis 5 cm über den Bildträger; soll die Linie breiter werden, sprühen Sie von weiter weg.

HOLZLEIM

Preiswert und ideal, um Bereiche im Bild abzudecken, zu »maskieren«. Es funktioniert wie Wachs beim Batiken: Da, wo man Leim aufträgt und trocknen lässt, haftet die Farbe oder Tusche nicht. Die mit Leim bestrichenen Bereiche nehmen keine Farbe an und bleiben weiß, was sehr schön sein kann, um Muster, Linien, Bewegung und so weiter zu gestalten.

SALZ

Salz lässt sich am besten mit Tuschen oder Aquarellfarben einsetzen. Sparsam darübergestreut, solange Tuschen und Aquarellfarben noch nass sind, saugen die Salzkörnchen die Farbe um sie herum auf. Sobald alles getrocknet ist, können Sie das Salz abfegen. Es ergeben sich natürliche Effekte, die an Wasser oder Nachthimmel erinnern, manchmal sogar ein leuchtender, ätherischer Effekt.

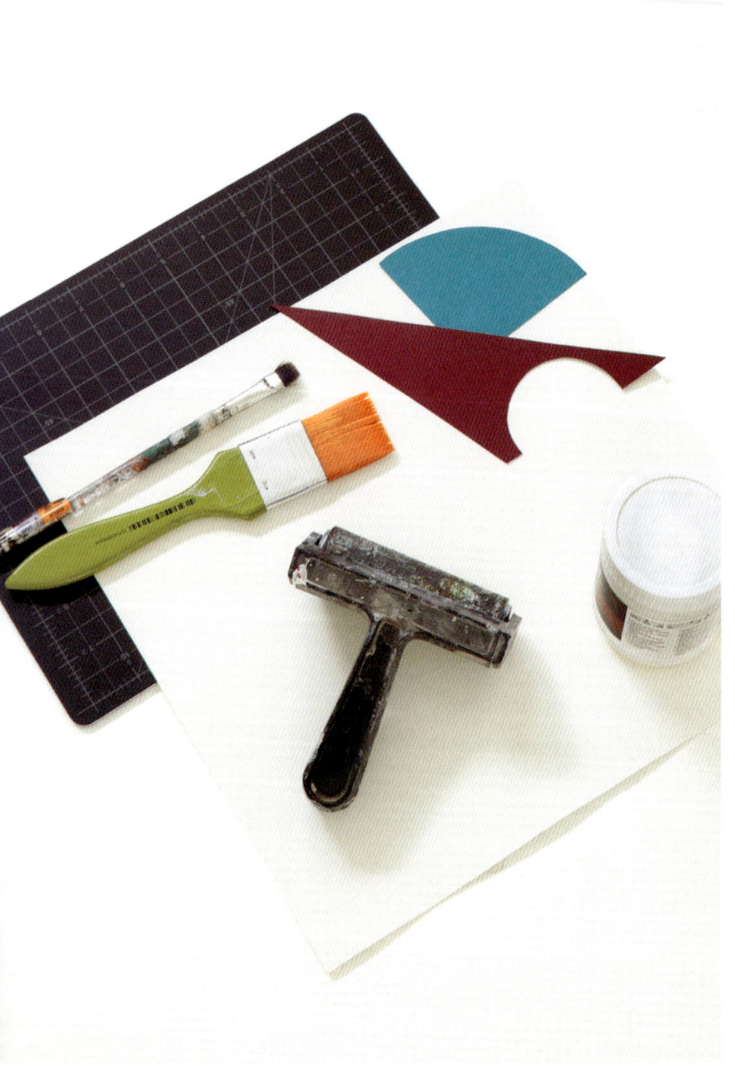

HOLZBEIZE

Holzbeize auf Öl- oder Wasserbasis in vielen satten, warmen Farbtönen lässt sich ausgezeichnet in der Kunst einsetzen. Sie ist von Natur aus transparent, und Pinselspuren können in Kontrast und Tiefe variieren. Wollen Sie die Beize als Schlusslasur oder Firnis verwenden, tragen Sie sie auf ein durchgetrocknetes Bild auf und wischen die überschüssige Beize weg. In Bereichen, die Struktur haben, bleibt sie stehen und verleiht selbst einem etwas flach wirkenden Gemälde eine wunderbare Fülle.

TRINKHALME

Auf die Verwendung von Trinkhalmen wurde ich erst aufmerksam, als ich mit meinem fünfjährigen Sohn, an einem Kunstkurs teilnahm. Der Kurs war in zweierlei Hinsicht bemerkenswert: Erstens entdeckte ich, dass man durch einen Trinkhalm pusten kann, um nasse Farbe auf dem Papier oder der Leinwand hin und her zu treiben, was organische Formen und Bewegungen ergibt. Zweitens wurden dafür konzentrierte flüssige Aquarellfarben benutzt, die ich vorher nicht kannte.

GARN

Viele Objekte eignen sich, um Farbe auf Ihren Bildträger zu bringen, aber Garn besonders, weil es sehr viel Farbe oder Tusche aufnehmen kann und klare strukturierte oder organische Linien erzeugt. Ich habe sogar schon einmal Garn in Bleiche getunkt und damit Formen und Linien gemacht, die die Farbe vom Papier nehmen.

LEBENSMITTELFARBEN

Unverdünnte Lebensmittelfarben ergeben leuchtende, satte Farben. Mit Wasser verdünnt, schwächt sich ihre Intensität ab. Ich mische sie mit Tuschen, um neue Farbtöne zu erzeugen, denn die Farbpalette von Lebensmittelfarben ist relativ klein. Sie lassen sich auch mit Sprüh- und Spritzflaschen aufbringen. Es macht Spaß, dem Material eine aktive Rolle im Schaffensprozess zu überlassen. Künstler und ihre Materialien wirken auf ganz kreatürliche und gemeinschaftliche Art und Weise zusammen.

PERMANENTMARKER

Permanentmarker sind in meinem Atelier ein Muss. Ich benutze sie dauernd! Man kann mit ihnen zeichnen, ausmalen und tausend andere Dinge tun. Ich signiere damit zum Beispiel meine Bilder auf der Rückseite. Kleine Abplatzer oder Kratzer auf Leinwänden, gerade am Rand, lassen sich damit perfekt kaschieren.

KAFFEE UND TEE

In verschiedenen Konzentrationen lassen sich damit warme, sepiafarbene Flecken und Lavuren aufbringen. Für einen alten, verwitterten Look kann man auch ein ganzes Blatt Papier in Kaffee oder Tee tunken und anschließend trocknen lassen.

KORREKTURFLÜSSIGKEIT

Mit Korrekturflüssigkeit und Korrekturroller, zum Beispiel Tipp-Ex, lassen sich tolle Gestaltungsexperimente machen. Aber Achtung, sie können leicht zerkratzt oder von der Oberfläche von Papier oder Leinwand abgeschabt werden. Beim Herumspielen mit Entwürfen in meinem Skizzenbuch sind Korrekturroller nicht wegzudenken. Sie ergeben saubere weiße Linien und Konturen, die ich mit flüssigen Farben so nicht hinbekomme. Diese Fingerübungen sind nicht für die Ewigkeit, und das ist in gewisser Weise das Schöne daran. In dem Moment erschaffen Sie etwas für sich und für Ihre Kunst – Kunst um der Kunst willen!

SCHWÄMME

Schwämme sind nützliche Malwerkzeuge, weil es sie in vielen verschiedenen Formen und Größen gibt und sie relativ preiswert sind. Mit kleinen Naturschwämmen können Sie beim Aquarellieren den Effekt von Laub oder Wasser erzeugen oder einem Bereich Struktur und Tiefe geben. Ganz normale Schaumstoffschwämme verwende ich, um Strukturen in feuchte Acrylfarbe zu bringen und breite Farbbahnen zu ziehen, die ich mit Pinseln nicht so schön hinbekomme. Die preiswerten Schaumstoffschwämme können sehr viel Farbe aufnehmen, sodass sich in einem Zug mühelos kühne, klare Linien erzeugen lassen.

POLYURETHANLACK

Polyurethanlack kann für Lasuren oder als Schlussfirnis benutzt werden. Auf Wasserbasis enthält er weniger Dämpfe als auf Ölbasis, bei dem man zum Reinigen der Pinsel auch Terpentinersatz oder Lackverdünner braucht. Ölbasierte Polyurethanlacke können mit Ölfarben vermischt werden, das ergibt transparente, satte Lasuren. Mit einer Ölfarbe in warmem Sepia oder gebrannter Umbra ist er bei Acryl- und Ölbildern als Schlussfirnis einsetzbar. Bringen Sie ihn auf die ganze Bildoberfläche auf und wischen Sie den Überschuss ab. Der verbleibende Rest zieht in die Struktur des Gemäldes ein, was die Farben intensiviert und dem Bild eine wunderschöne, satte Tiefe verleiht.

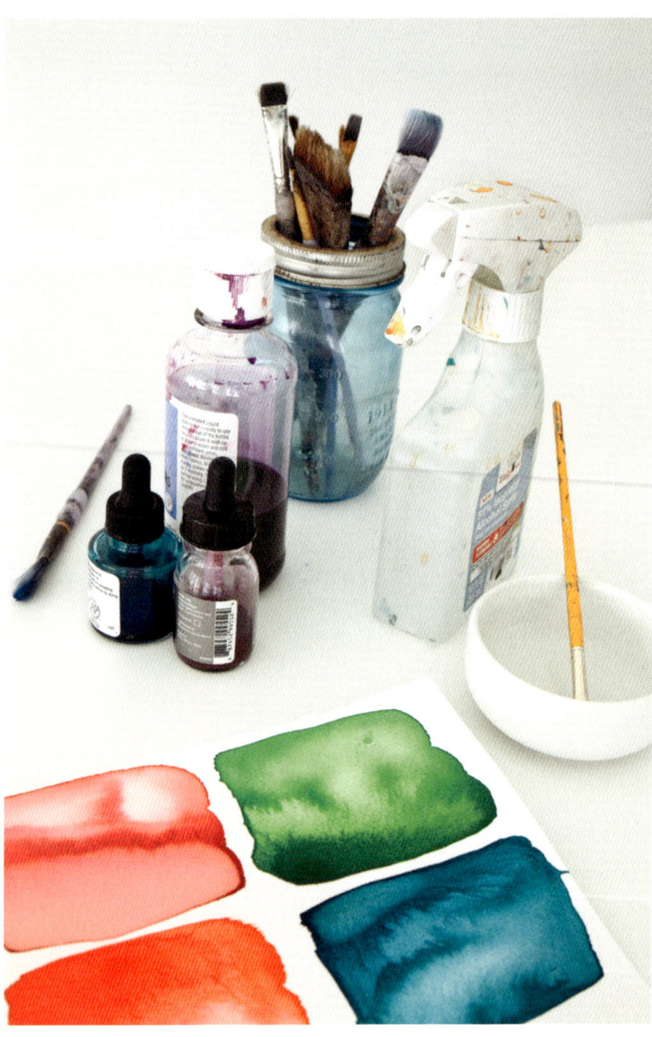

ABDECKBAND/MALERKREPP

Abdeckband und Malerkrepp habe ich immer zur Hand. Ich klebe fertige Leinwände damit ab, um die Seitenränder zu säubern und zu übermalen. So verschwinden die farbigen Tropfen, die am Rand von Leinwänden immer eintrocknen. Doch mit Abdeckband können Sie auch scharfe Kanten und Konturen erzeugen, beim Malen auf Papier einen Rahmen aufkleben oder bestimmte Bildbereiche abdecken, die Sie unberührt lassen möchten.

Mit Abdeckband lassen sich auch Schablonen herstellen. Legen Sie Streifen des Abdeckbands flach auf den Tisch und lassen Sie sie leicht so überlappen, dass sie ein haftendes Quadrat bilden. Dann schneiden Sie aus dem Quadrat die Formen aus, die Sie als Schablone verwenden wollen. Das Tolle ist, dass diese Schablonen beim Arbeiten nicht verrutschen, sodass Sie ganz exakte Kanten erhalten.

Es gibt eine Drucktechnik mit Abdeckband, die sich Collagraphie nennt. Dazu klebt man einander überlappende Streifen auf eine flache Oberfläche. Mit dieser strukturierten Klebebandfläche kann man auf Papier oder Stoff drucken. Tragen Sie einfach Farbe auf das Klebeband auf und benutzen Sie es wie einen Stempel, um interessante Linien und Strukturen zu erzeugen.

REINIGUNGSALKOHOL/ HAMMAMELISWASSER

Beide Antiseptika funktionieren ähnlich, doch Hammameliswasser ist längst nicht so stark. Reinigungsalkohol können Sie auf noch nicht getrocknete Tusche oder Aquarellfarben sprühen oder mit dem Pinsel auftragen. Es kommt zu einer chemischen Reaktion und die Farbe wird verdrängt, was die Illusion von Wasser erweckt und beinahe ätherisch aussieht. Es funktioniert auch mit Hammameliswasser, aber viel zarter und subtiler. Hammameliswasser benutze ich oft, wenn ich Blätter von Pflanzen male. Es hellt die Bereiche auf einem Blatt auf, wo die Sonne hinscheint, und am Rand, wo Schatten sind, sammelt sich die Farbe.

ÜBUNG 10

Mit unkonventionellen Materialien arbeiten

Aquarellfarben und Tuschen Reinigungsalkohol zusetzen

Meine Kunst ist meistens von der Natur inspiriert. Diese einfache Technik ist einer meiner Favoriten. Sobald die chemische Reaktion abgeschlossen ist, ahmt sie Wolken und die leichten Bewegungen und Reflexionen auf Wasser klar und wunderschön nach. Ich arbeite auf Papier und auf Leinwand damit; man kann sie auf oder unter Acrylfarben, Bleistift, Markern oder Tuschen und Aquarellfarben verwenden. Bei meinen größeren Arbeiten auf Leinwand setze ich sie oft bei der Untermalung ein, um die Illusion von Bewegung zu erzeugen und eine Grundlage für interessante Bereiche zu schaffen. Ansprechend ist diese Technik auch, weil das Ergebnis nicht exakt vorhersehbar ist und sie ihre eigene Rolle im künstlerischen Prozess spielt.

MATERIAL

mehrere Blätter raues 300-Gramm-Aquarellpapier oder Mixed-Media-Papier (ca. 20 × 25 cm, 28 × 35 cm oder andere Größen)

Tusche in drei verschiedenen Farben

Aquarellfarbe in drei verschiedenen Farben

Reinigungsalkohol

Vorbereitungen

- → Wählen Sie je drei verschiedene Tuschen und Aquarellfarben aus. Jede hat andere Eigenschaften und reagiert wegen des unterschiedlichen Verhältnisses von Pigmenten zu Wasser anders mit dem Reinigungsalkohol.
- → Wählen Sie drei kühle (z. B. aus Blau-, Türkis- und Grüntönen) und drei warme Farben (z. B. aus Rot-, Rosa und Orangetönen) aus. So gewinnen Sie nicht nur ein besseres Verständnis für die Reaktion der Materialien, sondern auch dafür, wie die Technik in verschiedenen Farbpaletten wirkt.

Durchführung

- Malen Sie in einem Raster quadratische Farbflächen auf ein Blatt, warme Farben auf die eine und kühle auf die andere Seite.
- Verwenden Sie dabei zwei Techniken. Bei der Nass-in-Nass-Technik machen Sie zuerst das Papier mit Wasser nass, bevor Sie Farbe auftragen. Bei der zweiten Technik malen Sie direkt auf trockenes Papier.
- Bringen Sie, solange die Farben noch nicht trocken sind, Reinigungsalkohol auf das oder die Blätter auf. Sie können mit dem Reinigungsalkohol experimentieren, indem Sie ihn sprühen, tropfen, mit dem Pinsel aufstreichen oder diesen über dem Blatt ausklopfen. Variieren Sie auch die Menge des Alkohols.

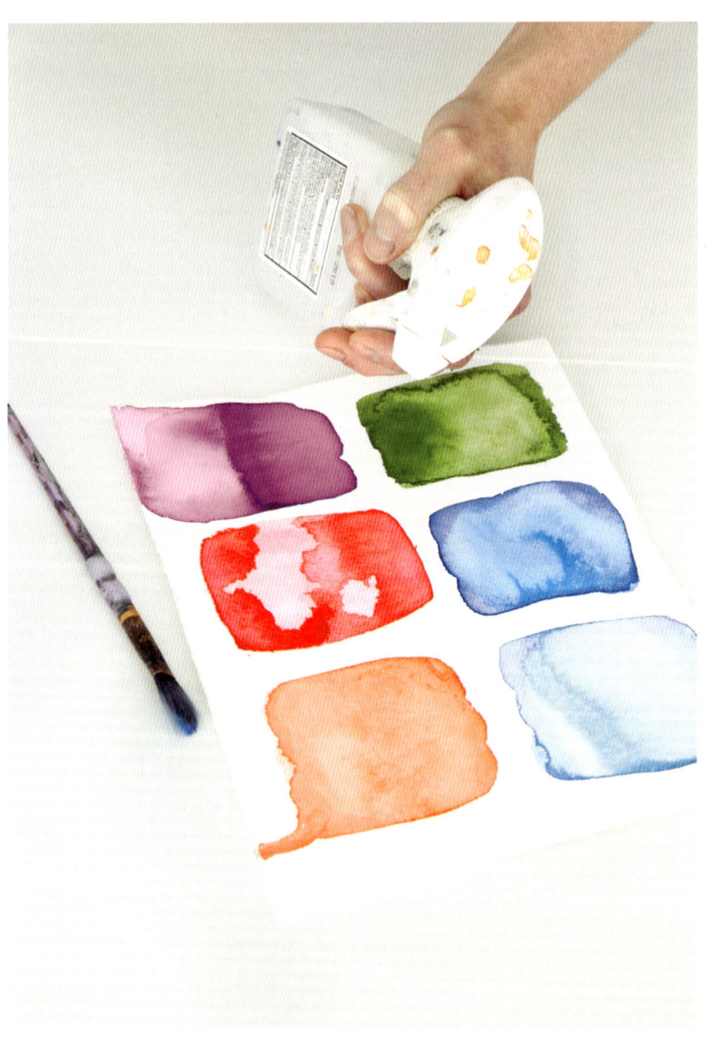

Ich mag diese Übung sehr, weil man die Kontrolle abgibt und die Eigenschaften der Materialien das Ergebnis mitbestimmen lässt.

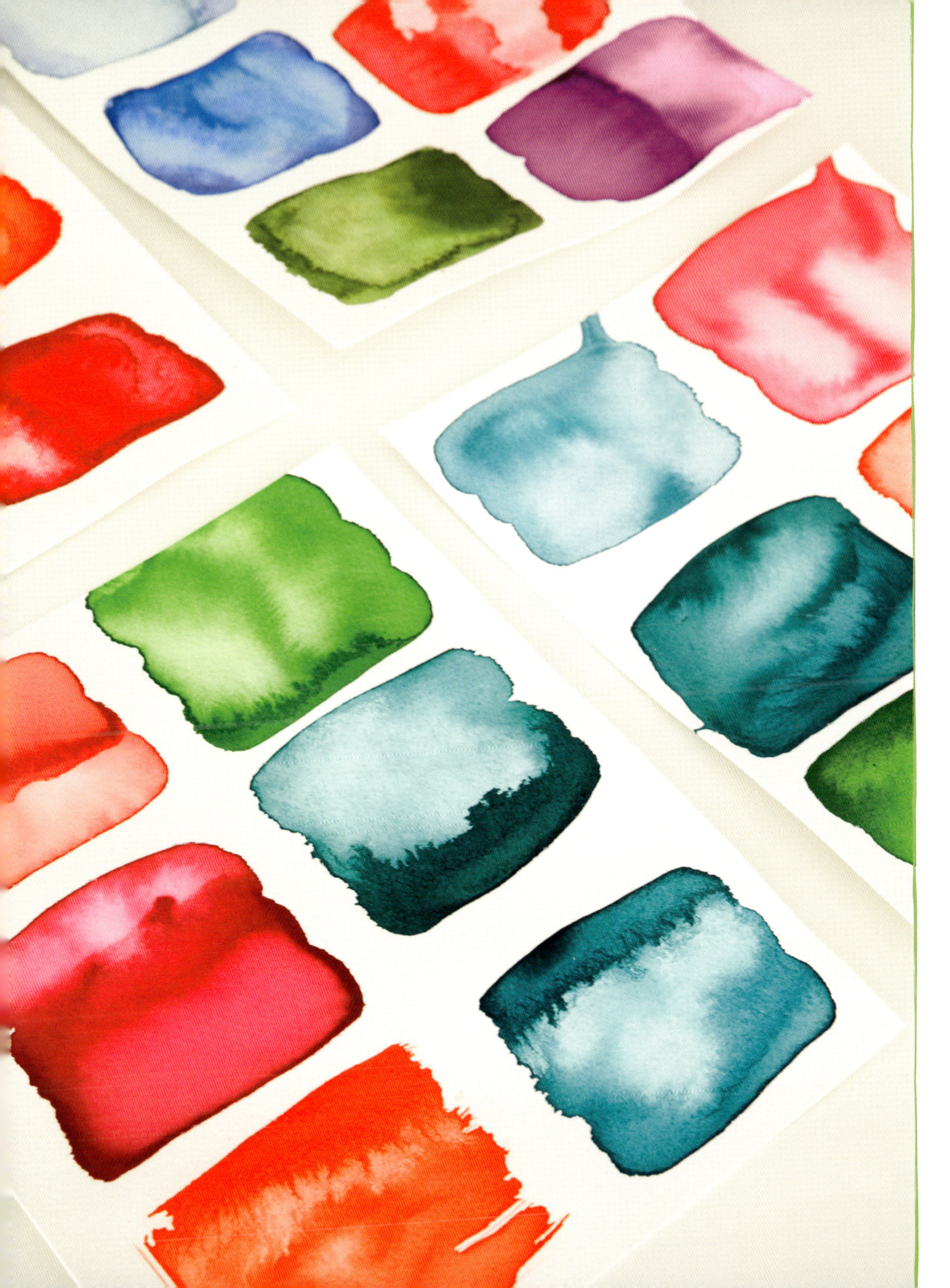

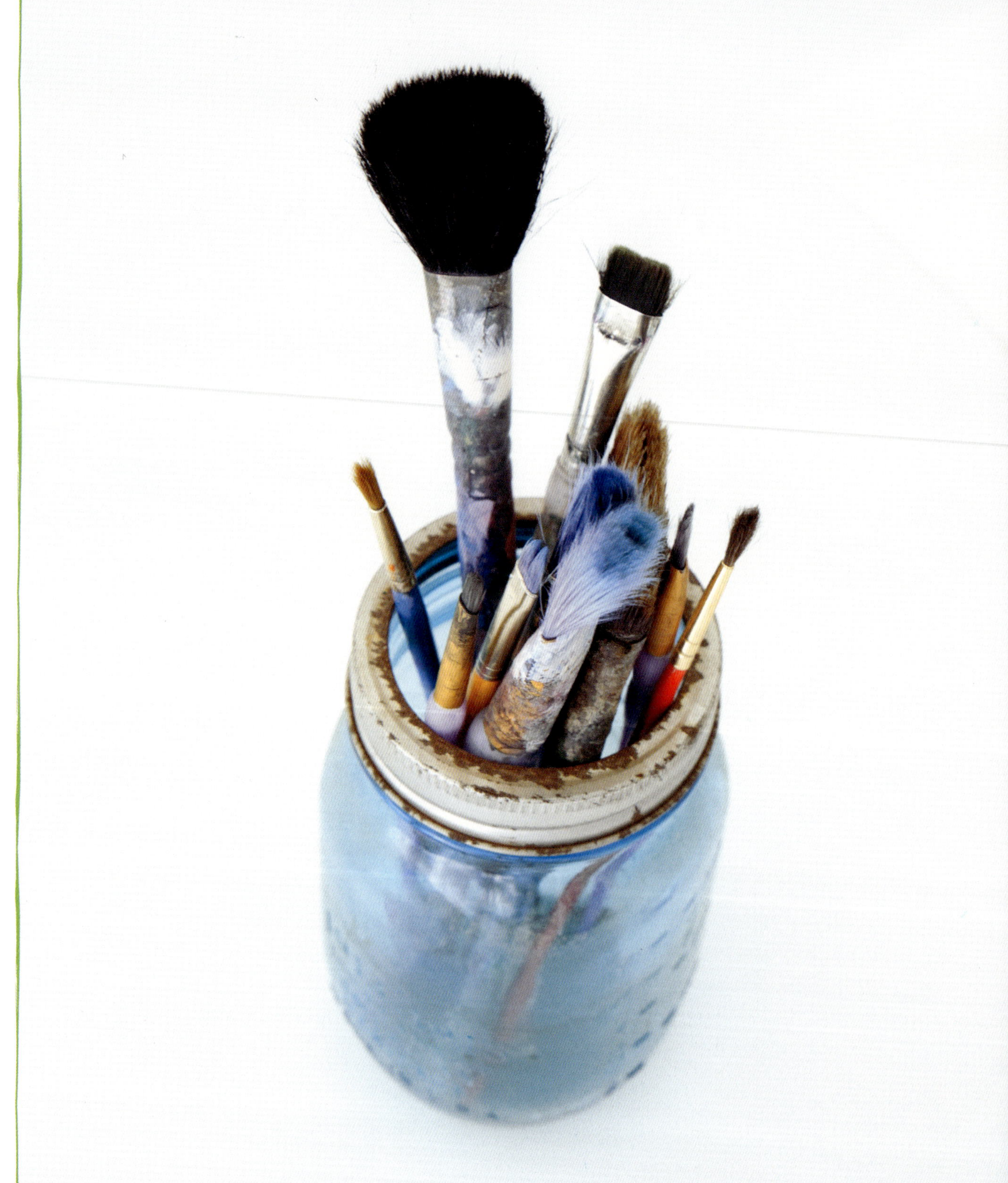

ÜBUNG 11

Spiel mit Farbe, Struktur und Ungewissheit

Experimente mit drei ungewöhnlichen Materialien

MATERIAL

drei Dinge von der Liste unkonventioneller Materialien (siehe Seite 67)

kleine grundierte Leinwand oder dickes Mixed-Media-Papier

runde und flache Pinsel in verschiedenen Größen

mehrere Wasserbehälter

Sie sind die aktive, treibende Kraft im kreativen Prozess, doch auch die Materialien spielen eine bedeutende Rolle. Sie mögen noch so klare Vorstellungen von dem haben, was Sie schaffen wollen, die Eigenschaften Ihrer Materialien können Sie dabei nicht unberücksichtigt lassen. Wir kommen nur so weit, wie unsere Materialien es zulassen. Ihnen obliegt es, innovativ zu sein und neue Wege zu suchen, sich kreativ auszudrücken. Während Sie sich künstlerisch weiterentwickeln, verändern sich Ihr Geschmack und Ihre Vorstellungen ebenso wie Ihre Vorlieben bezüglich Materialien und Methoden.

Bei Mixed-Media-Künstlern ist diese Interaktion mit den Materialien besonders offenkundig. Mit mehreren verschiedenen Materialien auf einmal zu arbeiten birgt immer ein Element der Unsicherheit. Mixed-Media-Kunst lädt zum Betrachten im übertragenen und im wörtlichen Sinne ein. Ich mag es, wenn die Betrachter ganz nah an ein Kunstwerk herantreten, um sich genauer anzusehen, wie es gemacht ist. Als Kunststudentin war ich von Monets Darstellung atmosphärischen Lichts genauso fasziniert wie von Cy Twomblys Interpretation der Ilias von Homer. Twomblys Werk ist ein perfektes Beispiel dafür, warum ich Mixed Media liebe. Seine aggressiven Bleistiftkritzel und energischen Pinselstriche sind visuelle Poesie und Emotion.

Ich liebe Mixed-Media-Kunst aber auch, weil sie mit ihren vielen Ebenen und Facetten ein Spiegel des Lebens ist. Das Leben ist niemals flach, sondern setzt sich aus einem endlosen Aufgebot von Farben, Strukturen, Mustern, Übergängen und Ungewissheiten zusammen.

Wählen Sie für diese Übung drei Dinge aus der Liste unkonventioneller Materialien und experimentieren Sie damit, um zu entdecken, wie neue, unvertraute Materialien interagieren.

Das Material für diese Übung ist abhängig von Ihrer Auswahl:

- **Wenn Sie Reinigungsalkohol, Hamameliswasser oder Salz wählen, sollten Sie nur mit Aquarellfarben oder Tuschen arbeiten.**
- **Die übrigen Dinge können mit Acrylfarben, Aquarellfarben oder Tuschen verwendet werden.**

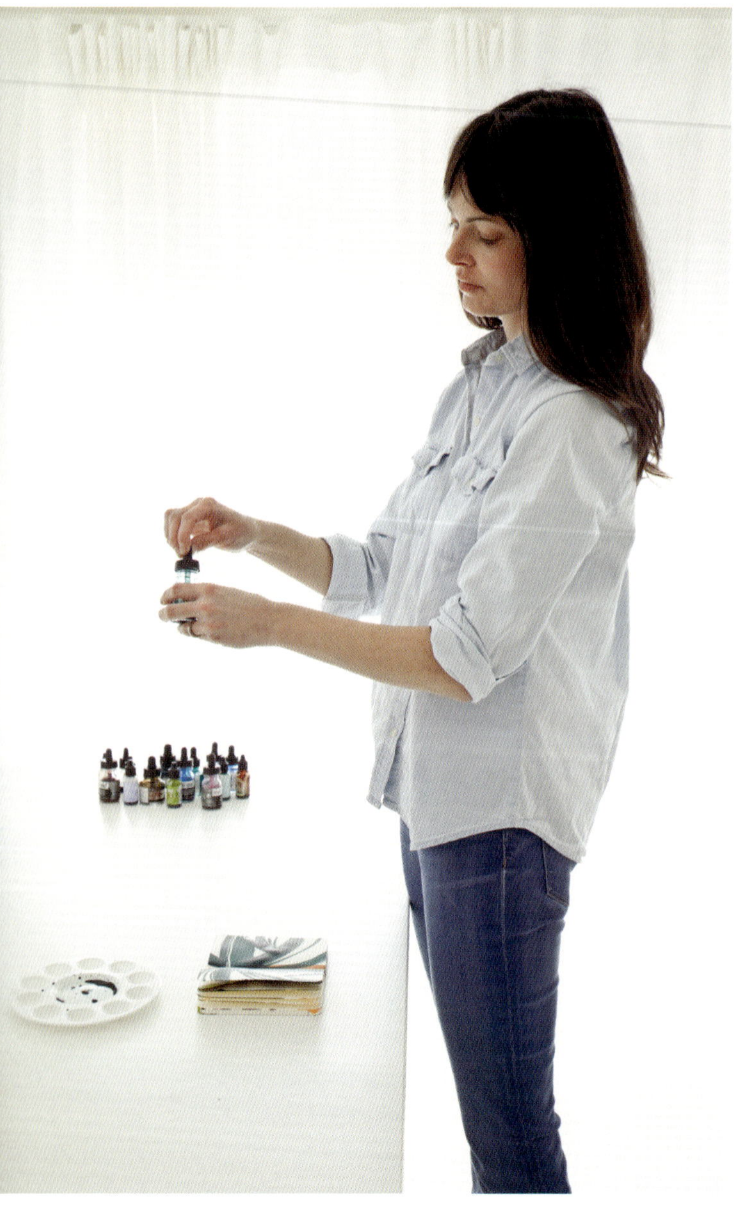

Vorbereitungen

Achten Sie darauf, dass Ihr Arbeitsbereich gut geschützt ist. Wenn Sie mit Sprühfarbe oder Polyurethanlack arbeiten, richten Sie Ihren Arbeitsplatz im Freien oder an einem gut belüfteten Ort ein, damit Sie keine Dämpfe einatmen.

Durchführung

Bei dieser Übung geht es in erster Linie um das Experimentieren. Es folgen einige Vorschläge, wie Sie die Materialien einsetzen können, aber probieren Sie ruhig etwas aus, was hier nicht aufgeführt ist.

MÖGLICHE MATERIAL-KOMBINATIONEN

- **Sprühfarbe funktioniert am besten mit Acrylfarben. Kleben Sie Bereiche Ihres Malgrunds mit Malerkrepp ab, um Linien oder Konturen zu erzeugen. Besprühen Sie die umrissenen Bereiche, lassen Sie die Farbe trocknen und ziehen Sie das Klebeband langsam im 45-Grad-Winkel ab.**
- **Salz lässt sich gut mit Reinigungsalkohol oder Hamameliswasser kombinieren. Das Salz absorbiert die Tusche oder die Aquarellfarbe um die Körner herum, das Hamameliswasser stößt sie ab. Die Kombination von beidem verleiht einem Werk eine interessante Tiefe.**
- **Tragen Sie mit Schwämmen oder Trinkhalmen Kaffee oder Tee auf. Pusten Sie durch einen Trinkhalm, um die Flecken auf dem Papier herumzuscheuchen. Nehmen Sie mit verschiedenen Schwämmen Kaffee oder Tee auf und experimentieren Sie, indem Sie die Flüssigkeit über dem Malgrund ausdrücken. Benutzen Sie diese Materialien, um breite, kräftige Formen und Striche aufs Papier zu setzen. Wenn die Flüssigkeiten in einigen Bereichen zusammenlaufen, ergibt das wunderschöne Variationen der warmen Farbtöne.**

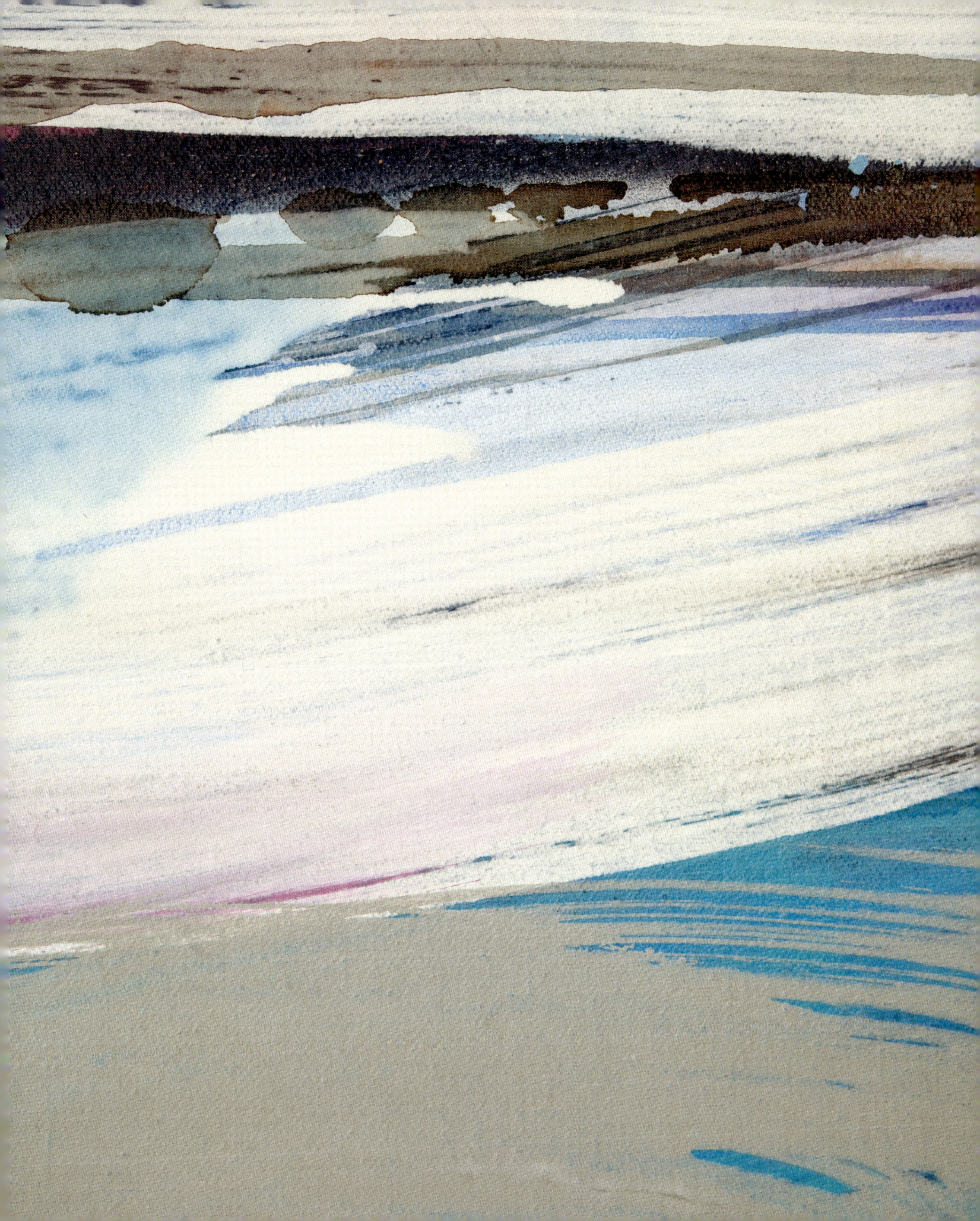

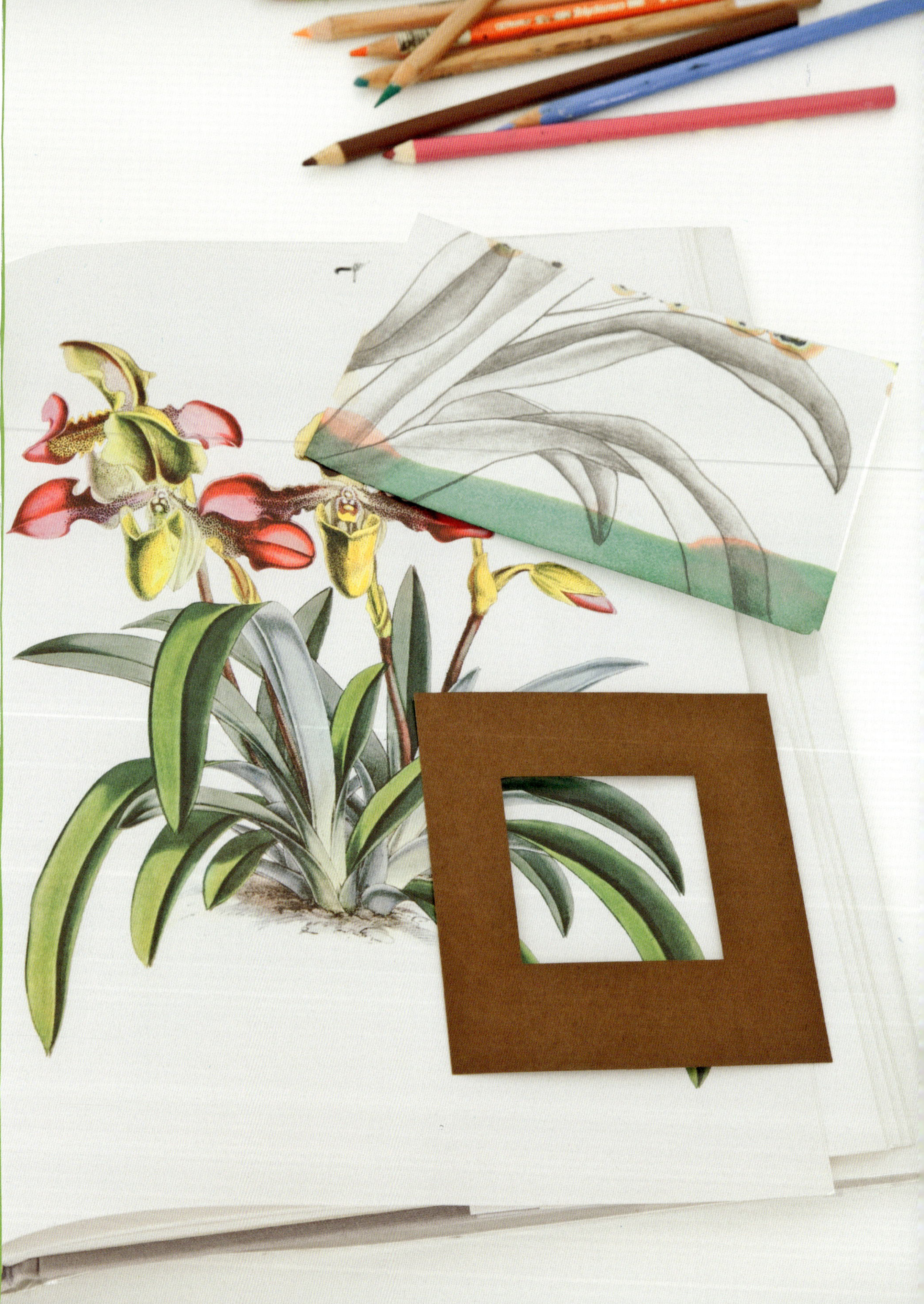

ÜBUNG 12

Spiel mit Mustern

Muster entdecken und in Mixed-Media-Kunst verwenden

MATERIAL

Buch über Botanik (finden Sie in Ihrer Bücherei entweder bei den Garten- oder bei den Kunstbüchern)

Tonkarton (10 × 10 cm)

Cutter

Zeichenblock (40 × 61 cm)

Bleistifte verschiedener Härtegrade (2B, 5B, 8B etc.)

Buntstifte

Ein Muster ist eine Kombination von Elementen oder Formen, die sich in einer wiederkehrenden, regelmäßigen Anordnung wiederholen. Muster finden sich in der antiken wie in der modernen Architektur genauso wie in der Natur in Flora und Fauna. Sie sind auch überall im Alltag zu entdecken – etwa Zebrastreifen, Fahrradspeichen oder Badezimmerfliesen.

Wiederholungen können Sie sich in der Kunst auf zweierlei Art zunutze machen. Zum einen lässt sich dem, was man wiederholt, damit Gewicht und Bedeutung zumessen: Die Wiederholung lenkt den Blick auf das Muster. Die entgegengesetzte Methode ist die, etwas so zu wiederholen, dass es bedeutungslos wird. Die Wiederholung ist dann kein optischer Pfad, sondern führt beim Betrachten zu den wichtigeren Bildinhalten. So oder so können Muster, wenn sie richtig eingesetzt werden, sehr wirkungsvolle Elemente sein.

In der folgenden Übung lernen Sie, Muster in der Natur zu entdecken und in den eigenen Werken einzusetzen.

TIPP ▸ **Dieser Sucher ist ein nützlicher Helfer beim Eingrenzen von Kompositionen. Durch das kleine quadratische Format lässt sich der visuelle Fokus gut definieren und verstärken.**

Vorbereitungen

- → **Schneiden Sie mit dem Cutter ein Quadrat von 5 × 5 cm aus dem Tonkarton. Dies ist Ihr neuer Sucher.**
- → **Wählen Sie für dieses Projekt ein oder zwei botanische Darstellungen aus.**

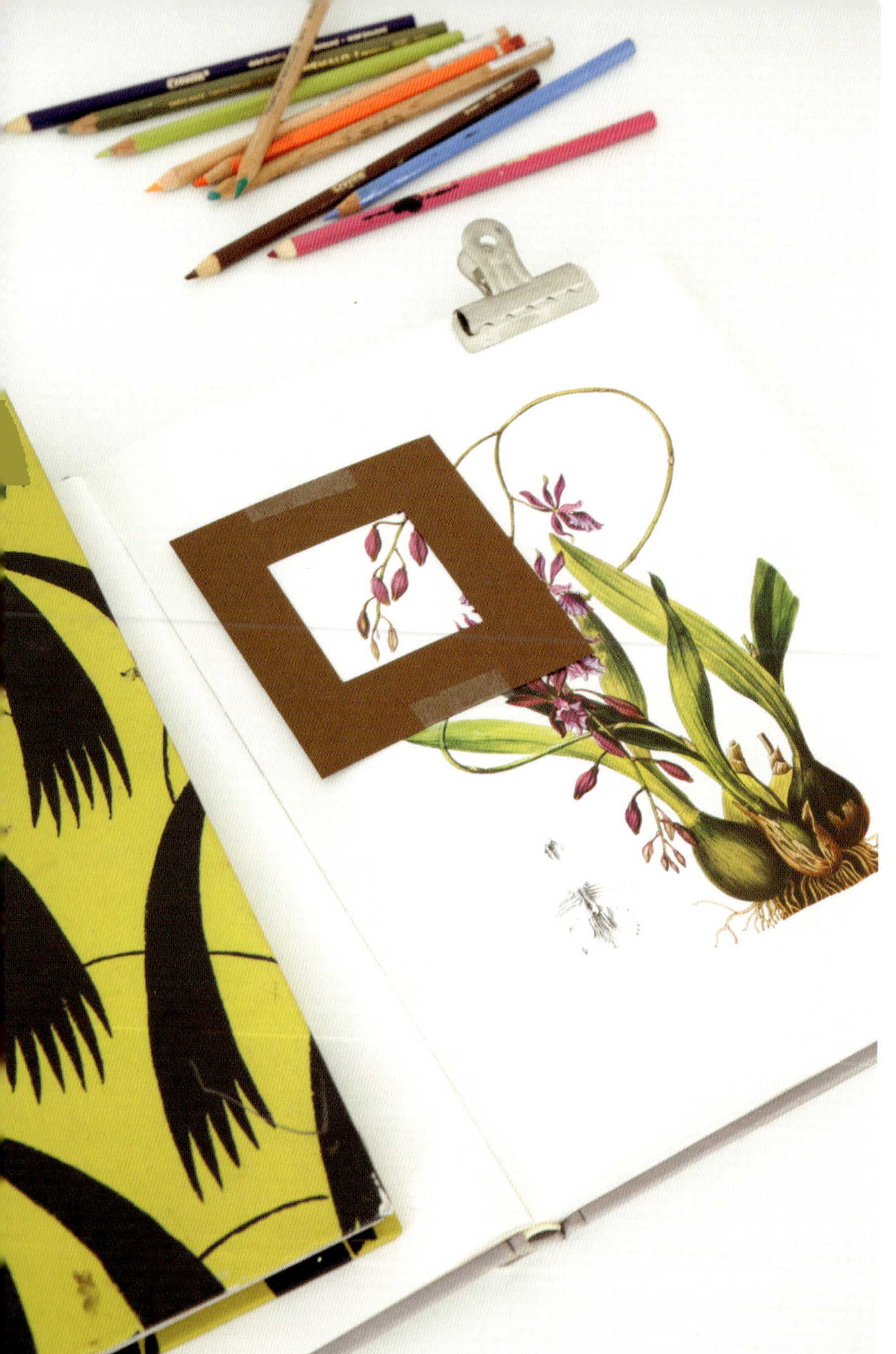

Durchführung

- Legen Sie den Sucher an verschiedenen Stellen auf die botanische Darstellung. Ich arbeite gern mit botanischen Abbildungen, weil sich aus ihrer organischen Natur wunderbar abstrakte Muster ableiten lassen.
- Achten Sie darauf, wie sich das Bild durch das Fenster des Suchers verändert und abstrahiert wird, reduziert auf eine Anordnung von Formen, Konturen und Linien.
- Wählen Sie den Bereich, den Sie am interessantesten finden. Kleben Sie den Sucher behutsam darüber und betrachten Sie die organische, abstrakte Komposition darin eingehend.
- Zeichnen Sie auf Ihren Zeichenblock das kleine Bild in dem Fenster.
- Wiederholen Sie diese eine Komposition über das ganze Zeichenblockblatt. Durch die Repetition der Formen und Linien entsteht ein Muster, von Ihnen entdeckt und geschaffen. Falls Sie es mit Buntstiften kolorieren, sollte sich auch die Farbgebung ganz konsistent wiederholen.

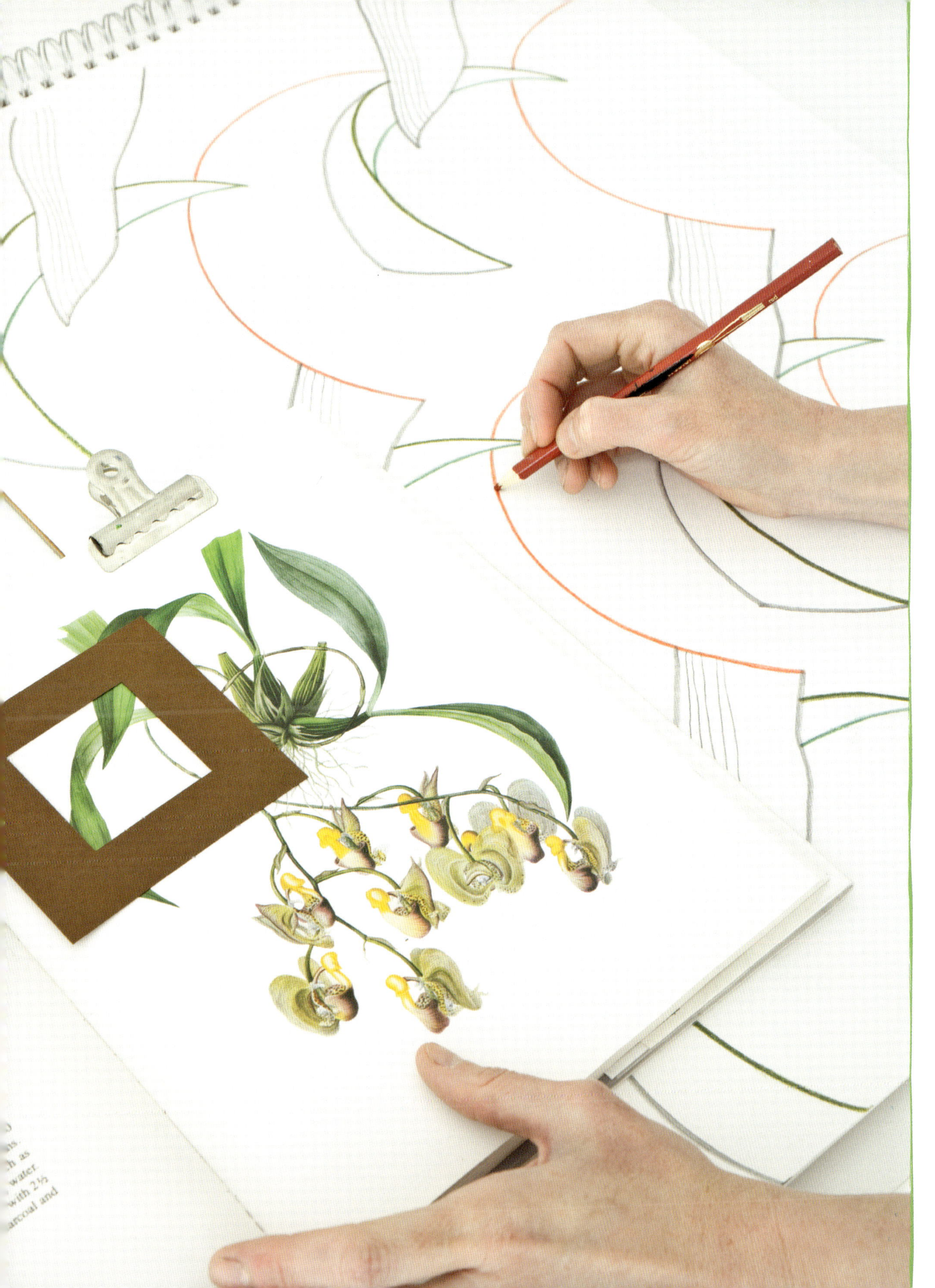

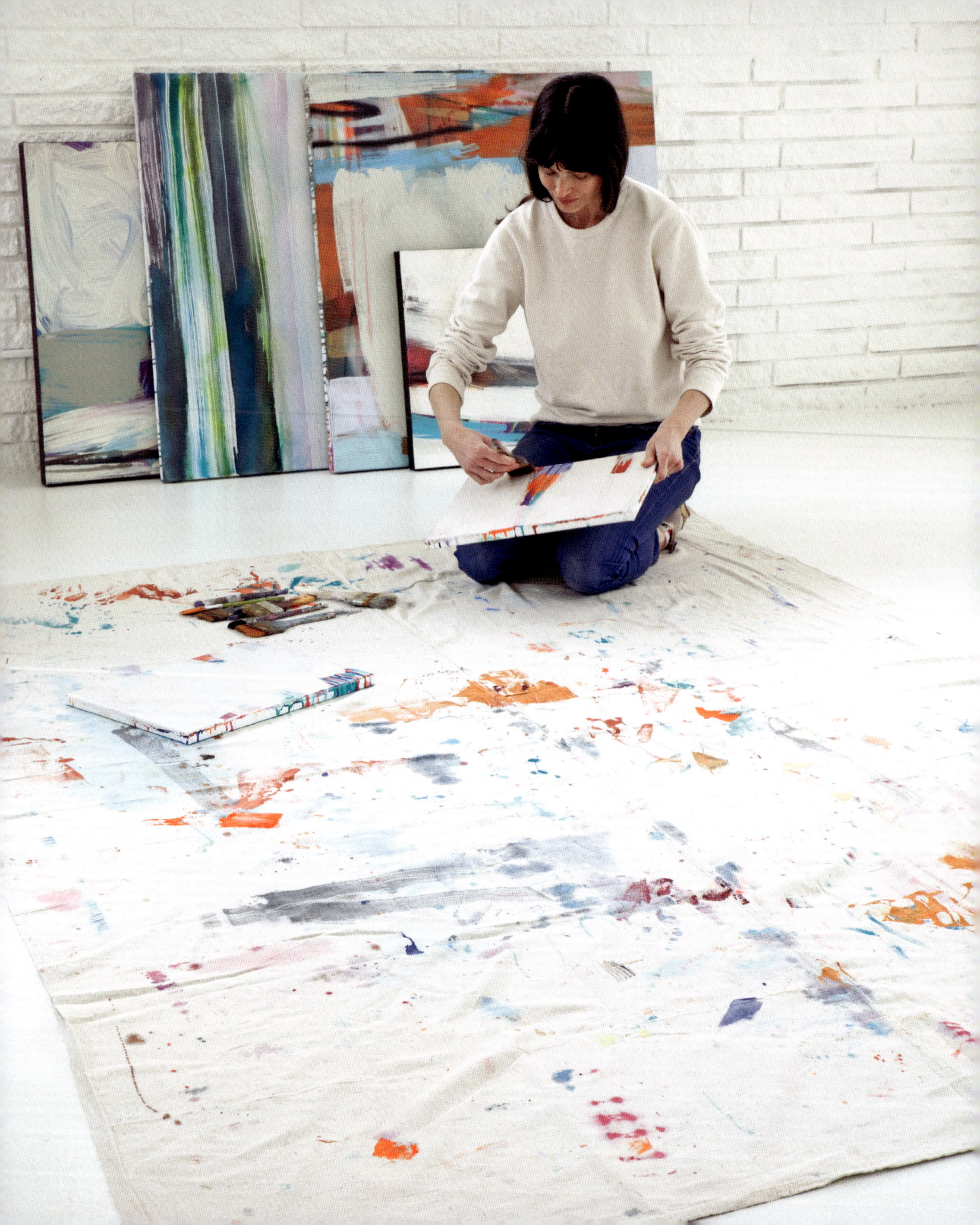

6. KAPITEL

RAUM, KOMPOSITION UND FORM

»Ich betrachte Raum als Material. Raumgliederung hat Vorrang vor anderen Erwägungen.«

RICHARD SERRA

Wer über abstrakte Kunst spricht, tut dies mit Begriffen wie Konturen, Formen, Linien und Farben. Alle diese Elemente sind wichtig; doch den positiven wie den negativen Raum zu erfahren, zu verstehen und zu kontrollieren ist genauso unverzichtbar. Der Negativraum, der Bereich um und zwischen den Gegenständen eines Bilds, kann Bereiche visueller Ruhe schaffen, die der Gesamtwirkung förderlich sind. Bei meinen Werken lasse ich immer Raum zum Atmen. Ein unruhiges, mit Farben, Linien, Formen und Konturen vollgepacktes Gemälde zieht mich nicht an, sondern weckt in mir eher den Wunsch, mich abzuwenden.

Die zwei Übungen in diesem Kapitel zeigen Ihnen, wie Sie das, was in Ihrer Komposition am wesentlichsten ist, genau bestimmen und wertschätzen, wie Sie außerdem dafür sorgen, dass der Blick und die Aufmerksamkeit beim Betrachten nicht abschweifen. Größere Bereiche mit Negativraum bedeuten nicht, dass ein Bereich leer oder uninteressant ist. Ganz im Gegenteil, er gibt Gemälde und Betrachter Raum zum Atmen. Durch Schichtung, Struktur und dezente Spuren kann man dem Negativraum genauso viel Gewicht geben wie dem positiven Raum. Das sorgt für Balance, was letztendlich das Ziel ist.

ÜBUNG 13

Negativraum

In einem Bild Raum zum Atmen schaffen

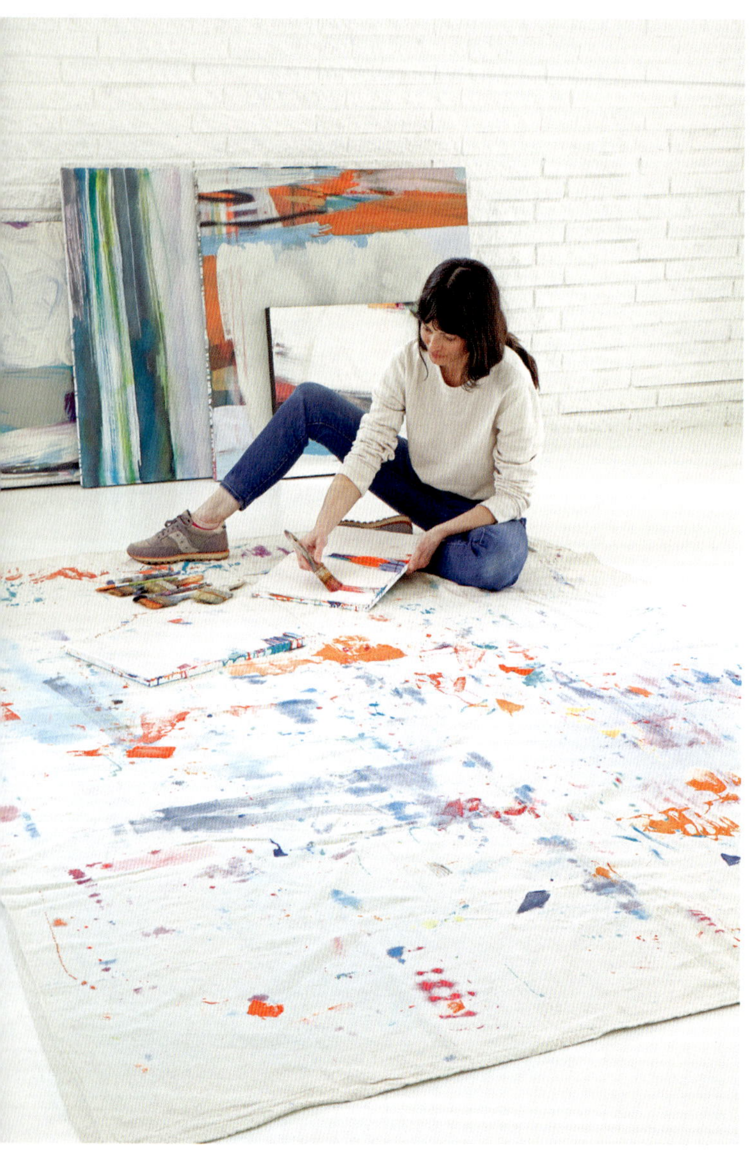

MATERIAL

- kleine grundierte Leinwand (ca. 28 × 35 cm oder kleiner)
- Acrylfarben in vielen verschiedenen Farben
- große Tube Acrylfarbe Weiß oder gebrochenes Weiß
- flache und runde Pinsel in verschiedenen Größen
- mehrere Behälter mit Wasser zum Reinigen der Pinsel
- mehrere Haushaltsgegenstände, um Struktur und interessante Bereiche zu erzeugen, z. B.
  - Schwämme
  - Scheuerbürsten (auch alte Zahnbürsten)
  - Spachtel/Malmesser
  - Sprühflasche
  - alte Lappen
  - Abdeckplane oder altes Laken, um den Fußboden zu schützen

In einem Bild ist der Raum zum Atmen so etwas Ähnliches wie die stillen Augenblicke in einem Musikstück oder wenn ein Redner eine Pause macht, um etwas zu betonen. Sie geben Ihrem Werk damit eine klare Stimme. Und er dient als Ergänzung zu den energetischeren, packenderen Bereichen des Kunstwerks.

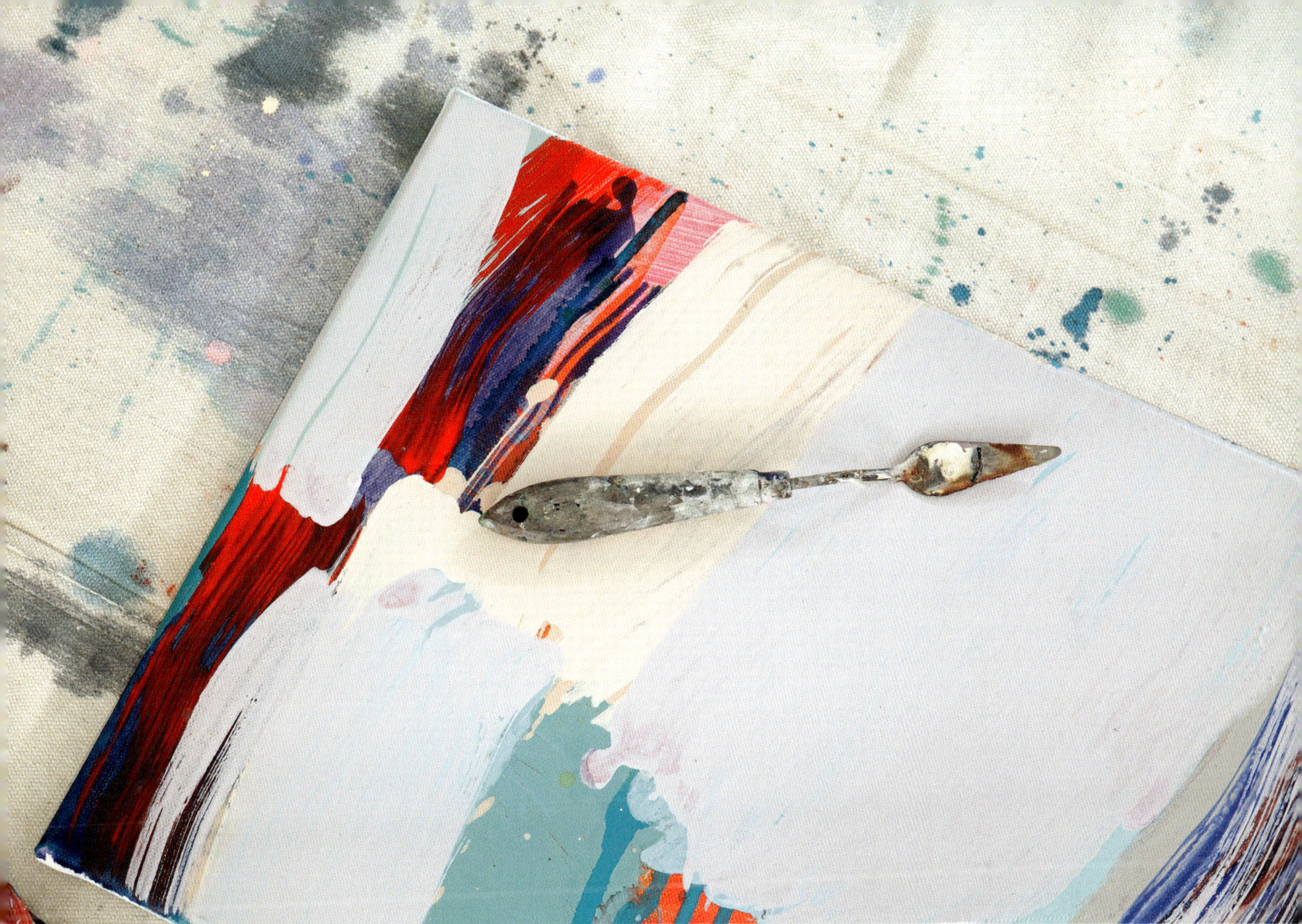

TIPP ▸ In Eisenwarenhandlungen und Heimwerkerläden finden Sie preiswerte Plastikbehälter, um Ihre Pinsel auszuwaschen. Ich verwende dafür auch ausgediente Schraubgläser und Farbeimer.

Vorbereitungen

Schützen Sie zuerst Ihren Arbeitsbereich mit der Plane oder alten Laken. Stellen Sie mehrere Behälter mit Wasser zum Auswaschen der Pinsel bereit.

Durchführung

Wenn ich anfange zu malen, lege ich oft einfach los, ohne vorher viel zu überlegen. Das sollen Sie hier auch machen.

Ich male fast immer auf dem Boden oder auf dem Tisch, damit die Farben nicht läuft oder tropft.

- Wechseln Sie öfter Farbe und Pinselgröße und experimentieren Sie.
- Hier können Sie verschiedene Techniken üben:

  Heben Sie die Leinwand an einer Seite an und lassen Sie die Farbe laufen.

  Schleudern Sie die Farbe aus dem Handgelenk auf die Leinwand, das gibt energische Spuren.

  Halten Sie den Pinsel hoch über die Leinwand und lassen die Farbe tropfen.
- Bei dieser Übung geht es darum, signifikaten Negativraum zu schaffen. Lassen Sie also die Farbe ganz trocknen und tragen mit Weiß oder gebrochenem Weiß eine dünne Schicht auf. Decken Sie nicht alle interessanten Bereiche ab, sondern lassen Sie zwei oder drei offen. Diese »linsen« durch das Weiß, was für Spannung, Struktur und Tiefe sorgt.
- Ich wähle Weiß für diese Übung, weil Weiß die farbigeren Bereiche eindrucksvoll hervorhebt, sie leuchten und präsent sein lässt. Doch Sie können mit jeder anderen Farbe offene Bereiche schaffen.
- Tragen Sie weitere Schichten Weiß (oder andere Farben) auf und kratzen Sie mit den Haushaltsgegenständen in die feuchte Farbe. Erzeugen Sie zum Beispiel mit Scheuerbürsten Struktur. Benutzen Sie Sprühflaschen mit Wasser und Lappen, um bestimmte Bereiche nass zu machen und zu verschmieren oder abzuwischen. So erzeugen Sie visuelle Effekte, die Raum zum Atmen geben und beim Betrachten Aufmerksamkeit einfordern. Mit anderen Worten, diese Bereiche sind alles andere als langweilig oder flach, sondern sie ergänzen und betonen die Bildschwerpunkte Ihres Werks.

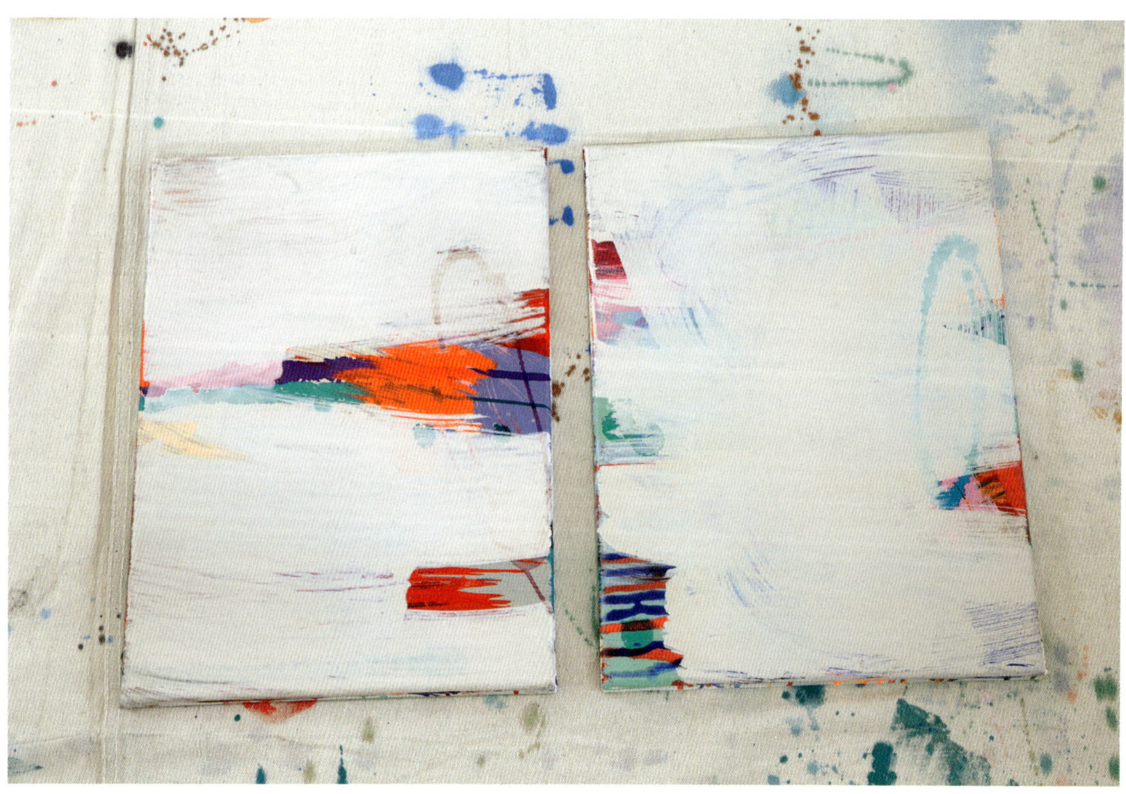

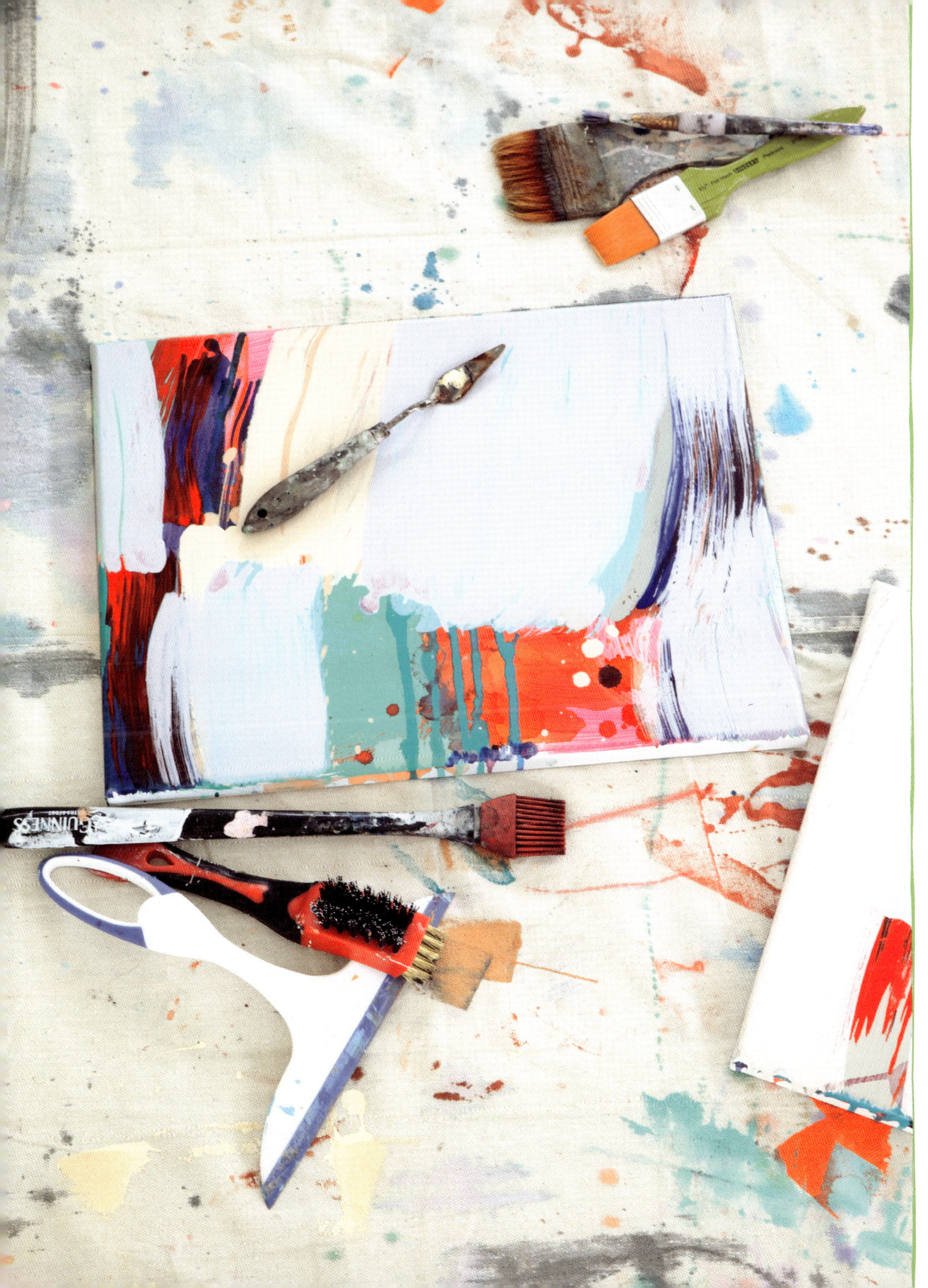

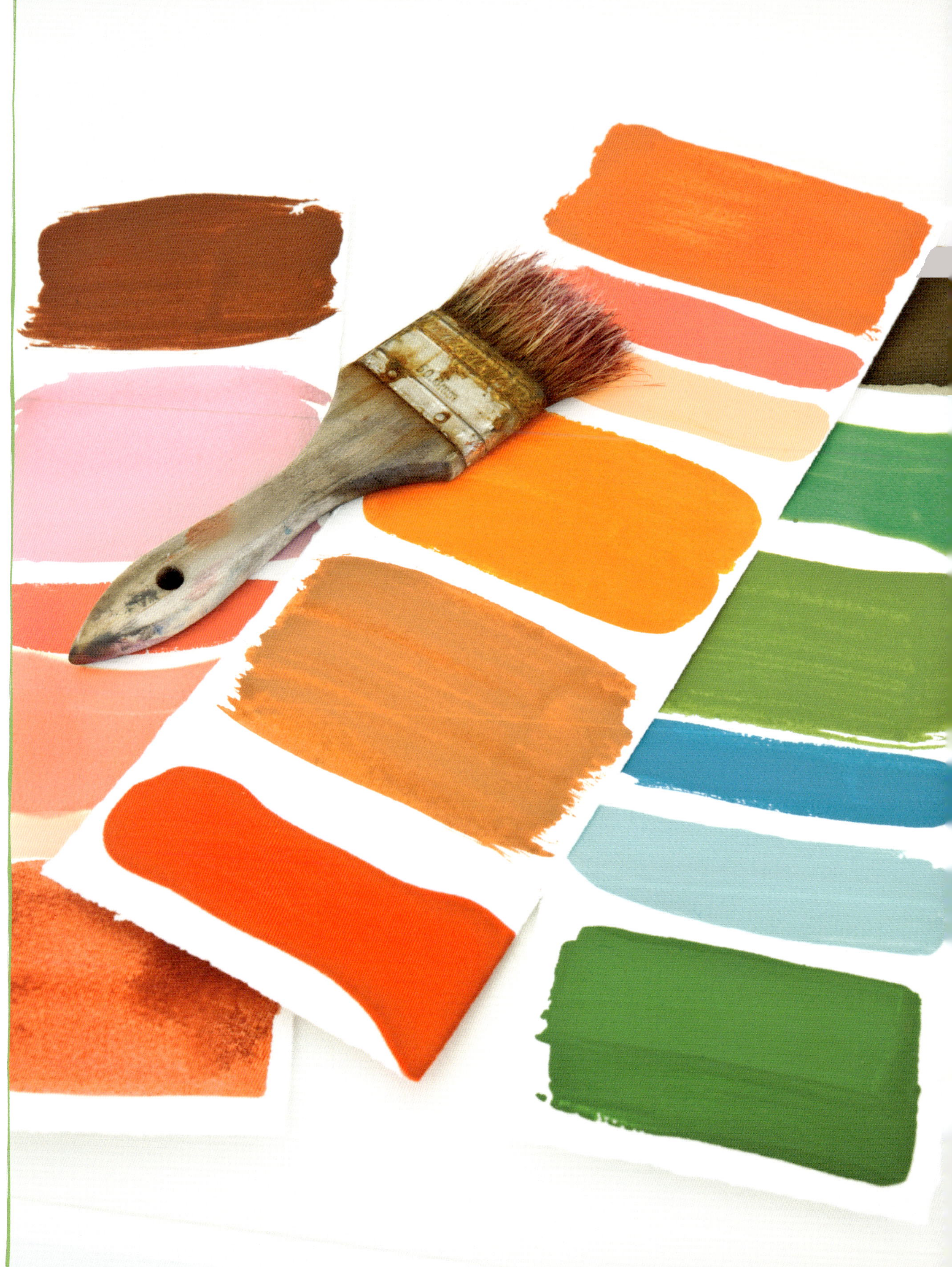

ÜBUNG 14

Das Bildzentrum finden

Einen Bereich mittels Komplementärfarben hervorheben

MATERIAL

gut geschützte Arbeitsfläche

grundierte Leinwand (ca. 25 × 25 cm)

flache und runde Pinsel in verschiedenen Größen

Acrylfarben, Aquarellfarben, Tuschen oder andere Farben in verschiedenen Farbtönen

mehrere Wasserbehälter zum Reinigen der Pinsel

Blatt raues 300-Gramm-Aquarellpapier (ca. 20 × 25 cm)

Ihre Kunst braucht, ob sie abstrakt oder gegenständlich ist, ein Bildzentrum. Ein Bild kann durchaus mehrere interessante Bereiche haben, doch es braucht einen Bereich mit Gewicht und starker visueller Wirkung, auf dem der Blick ruhen kann. Bei gegenständlicher Kunst ist das relativ unkompliziert, doch bei abstrakten Gemälden ist es nicht von vornherein so klar, was ins Bildzentrum gerückt wird. Indem Sie sich ganz auf Farben, Kontraste, Platzierung, Konturen und Linien konzentrieren, entsteht allmählich ein visuell konzentrierter, interessanter Bereich, der sich zum wichtigsten Fokus Ihres Werks entwickeln wird.

Für abstrakte Kunst gibt es keine konkreten Regeln für die Bildschwerpunkte. Künstler wie Jackson Pollock und Andy Warhol haben ganze Kunstwerke ins Zentrum der Aufmerksamkeit gestellt. Pollocks Action Paintings sind aus Tropfen und Spritzern gemacht, die den Blick auf das ganze Gemälde auf einmal zwingen. Warhols ikonische Porträts im Siebdruckverfahren bilden Muster, bei denen kein Bereich wichtiger ist als die anderen. Man kann starke Kunstwerke ohne echtes Bildzentrum schaffen, doch, wie man so schön sagt, man muss die Regeln erst beherrschen, bevor man sie brechen kann.

Beim Herausarbeiten eines Bildzentrums gibt es so viele Variablen, dass ich mich bei dieser Übung auf eine einzige Farbe konzentrieren möchte. Farben haben, wie im 8. Kapitel erörtert, eine ganz eigene Sprache und ein eigenes Leben. Mit dieser Übung sollen Sie Farben feiern, studieren und lernen, sie in Ihren Werken ins Zentrum der Aufmerksamkeit zu stellen.

Vorbereitungen

- → Wählen Sie drei Hauptfarben, die Sie im Bildzentrum herausstellen möchten. Dann nehmen Sie verschiedene Töne dieser Farben. Das können Tuschen, Aquarell- oder andere Farben sein, sie sollten nur zur selben Farbfamilie gehören.
- → Schneiden oder reißen Sie das Aquarellpapier in drei Streifen.

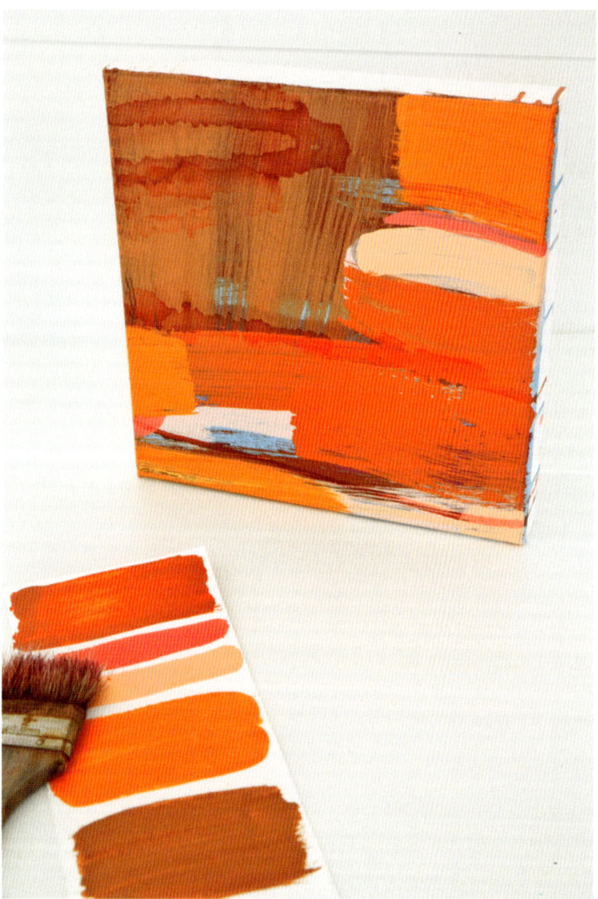

Durchführung

- → Auf den Papierstreifen testen Sie Ihre drei Hauptfarben (ein Streifen für jede Farbe).
- → Betrachten Sie die Streifen, wählen Sie die Farbe aus, die Sie am meisten anspricht, und machen Sie sie zum Zentrum Ihres Gemäldes.
- → Um diese Farbe hervorzuheben, bedienen Sie sich ihrer Komplementärfarbe.

Komplementärfarben sind Farben, die im Farbkreis einander direkt gegenüberliegen, wie Rot und Grün, Gelb und Lila sowie Orange und Blau. Im richtigen Verhältnis eingesetzt, akzentuieren sie einander. Bei dieser Übung habe ich Orange und seine Komplementärfarbe Blau gewählt. Wenn man sie wohldosiert nebeneinander einsetzt, erfüllen sie ihre Aufgabe perfekt und ergänzen einander.

- → Tragen Sie zuerst ein wenig Komplementärfarbe auf die Leinwand auf.
- → Darauf schichten Sie verschiedene Varianten Ihrer Fokus-Farbe.
- → Lassen Sie die Komplementärfarbe in einigen Bereichen durchscheinen.
- → Während Sie das Bild Schicht für Schicht aufbauen, sehen Sie, wie die verschiedenen Farbtöne in einen visuellen Dialog miteinander treten und sich Harmonie und Bildzentrum entwickeln. Machen Sie zwischen den einzelnen Schichten eine Pause und treten Sie einen Schritt zurück, um zu sehen, ob und wo noch etwas hinzugefügt werden muss. Wie viele Schichten ein Werk braucht und wann es fertig ist, ist eine ganz persönliche, intuitive Entscheidungen. Eine Schicht kann ziemlich klein sein, kaum mehr als ein Akzent, ein andermal legt sie sich über einen ganzen Bereich.

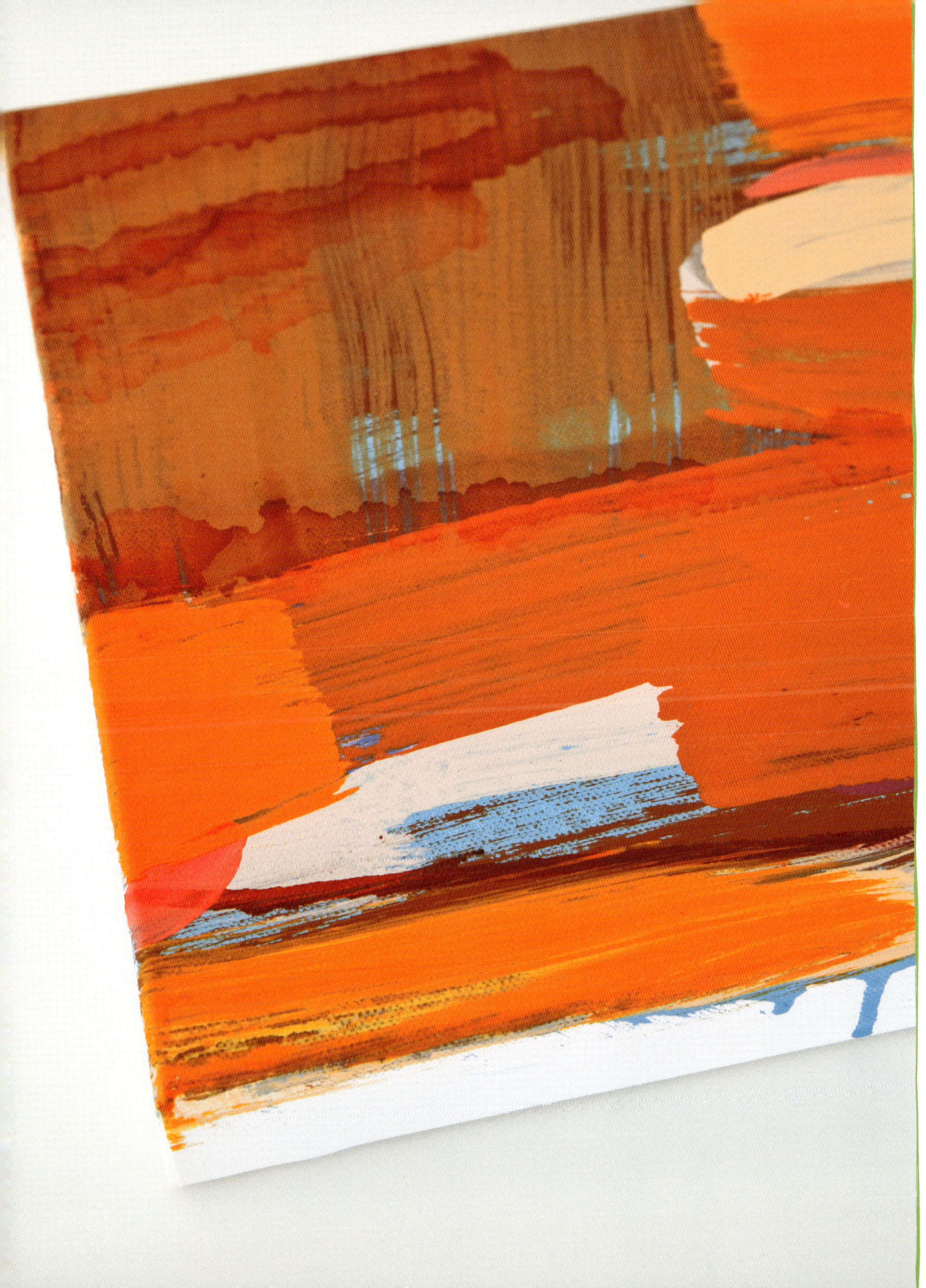

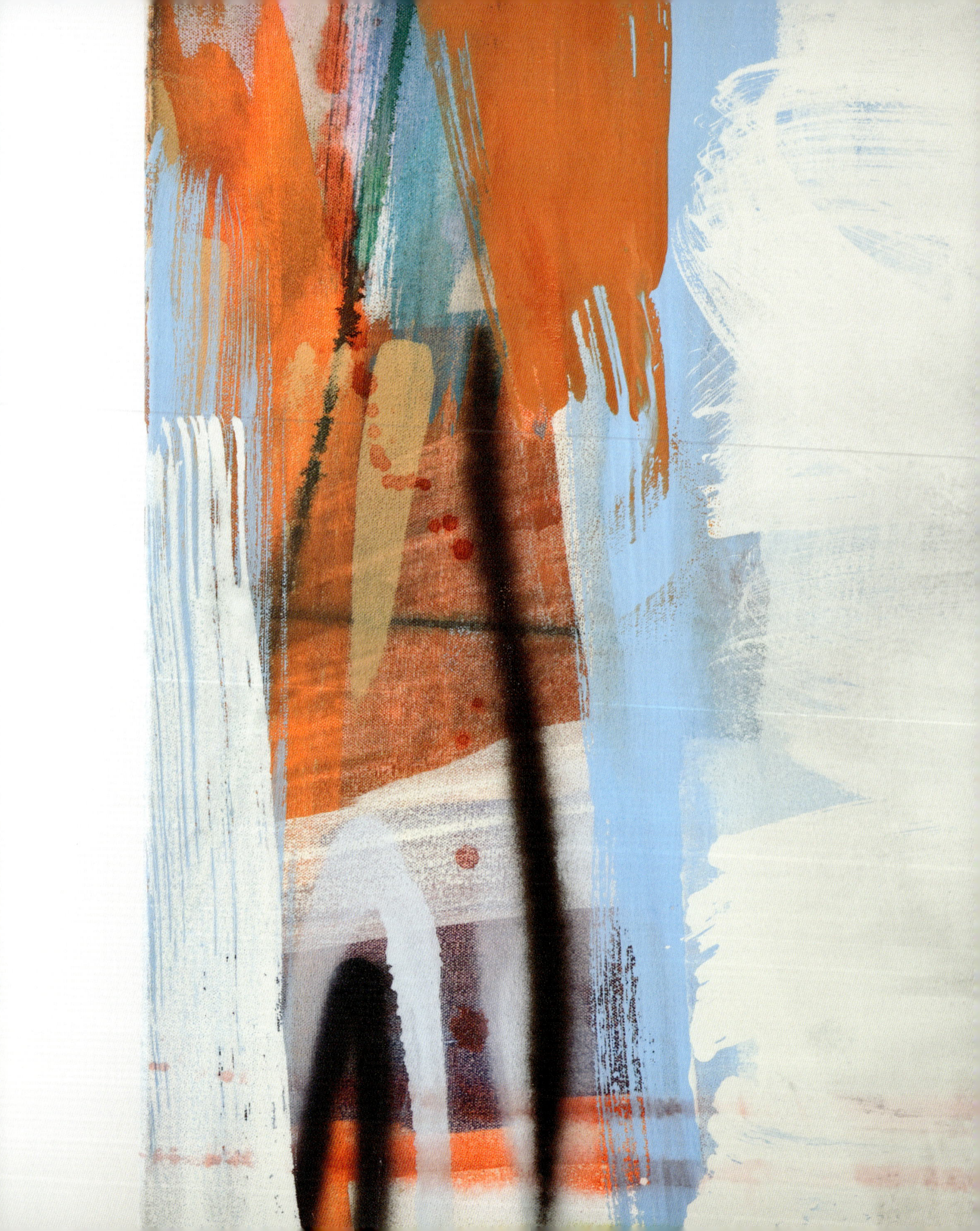

7. KAPITEL

MIT ACRYLFARBEN IMPROVISIEREN

»Alle Zwischenschritte, Kritzeleien, Skizzen, Zeichnungen, misslungenen Modelle, Ateliergedanken und Gespräche sind von Interesse. Das, was den gedanklichen Prozess eines Künstlers zeigt, ist manchmal interessanter als das fertige Kunstwerk.«

SOL LEWITT

Beim Malen zu improvisieren lässt sich lernen, und es kann Ihnen viel Zeit und Frust ersparen. Acrylfarben sind – im Gegensatz zu Öl- und Aquarellfarben – ein nachsichtiges Medium. Finden Sie keine Lösung, können Sie Bereiche, die Ihnen nicht gefallen, einfach übermalen. Oder Sie bearbeiten die Oberfläche mit Schmirgelpapier, grundieren das Ganze mit Gesso und haben quasi wieder eine frische Leinwand. Beim Malen gibt es so viele Variablen, dass man selten die ganze Zeit alles unter Kontrolle hat.

Je sicherer Sie im Umgang mit Ungeplantem werden, desto eher haben Sie den Mut, auch mal ein Risiko einzugehen. In der Kunst geht es oft um Risiken und Experimente – mit neuen Materialien, Konzepten, Techniken etc. Und beim Experimentieren passieren unvermeidlich unerwartete Dinge. Aus der Art und Weise, wie Sie reagieren und improvisieren, erwächst neues Selbstbewusstsein.

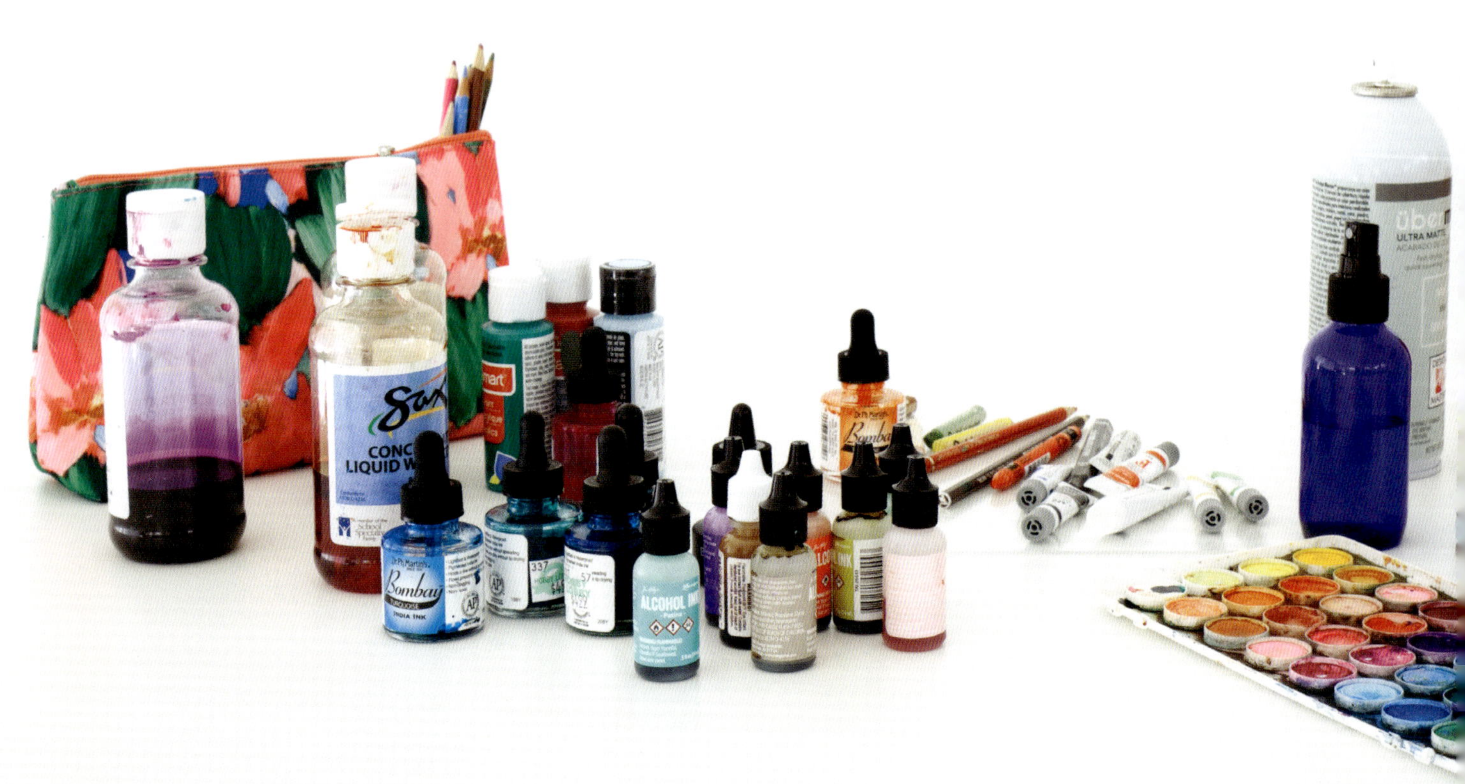
Bombay
INDIA INK
ALCOHOL INK
ULTRA MATTE

ÜBUNG 15

Selbstbewusst reagieren

Farben einander überlappen lassen, um etwas Neues zu schaffen

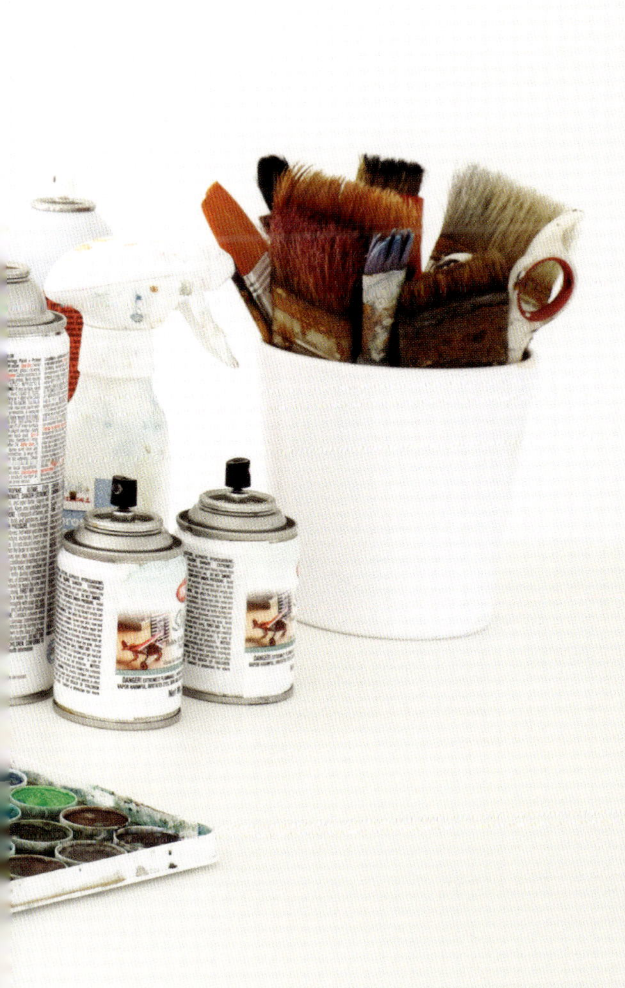

MATERIAL

- grundierte Leinwand (30 × 35 cm oder kleiner)
- flache und runde Pinsel in verschiedenen Größen
- Acrylfarben in verschiedenen Farbtönen
- Aquarellfarben, Tuschen und andere Farben Ihrer Wahl
- mindestens zwei Dinge von der Liste unkonventioneller Materialien aus dem 5. Kapitel (siehe Seite 67)

Beim Malen selbstbewusst zu reagieren hat sehr viel mit Vorbereitung und Kontrolle zu tun. Wenn Sie gut vorbereitet sind, fühlen Sie sich während des Schaffensprozesses sicherer in Ihren Entscheidungen. Erfahrung ist der offensichtlichste Weg zum Selbstbewusstsein, doch die erlangt man nicht, ohne viele, viele Fehler zu machen. Aber es heißt ja nicht umsonst: Aus Fehlern wird man klug.

Bei dieser Übung sollen Sie schöpferisch sein, Spuren setzen, mit Materialien experimentieren und vor allem möglichst unbefangen und ungehemmt agieren. Von dem Prozess selbst lernen Sie mehr über das Malen als von dem Ergebnis.

Vorbereitungen

- Arbeiten Sie auf einer gut geschützten Oberfläche.
- Falls Sie mit Sprühfarben oder anderen giftigen Materialien arbeiten wollen, wählen Sie einen gut belüfteten Ort.
- Stellen Sie zum Reinigen der Pinsel mehrere Behälter mit sauberem Wasser bereit. Sie sollten alle Materialien und Werkzeuge so zurechtlegen, dass Sie den Arbeitsprozess nicht unterbrechen müssen.

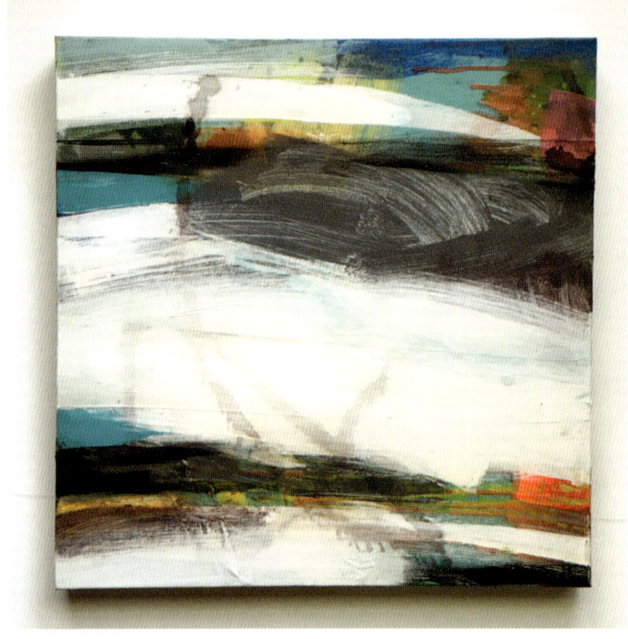

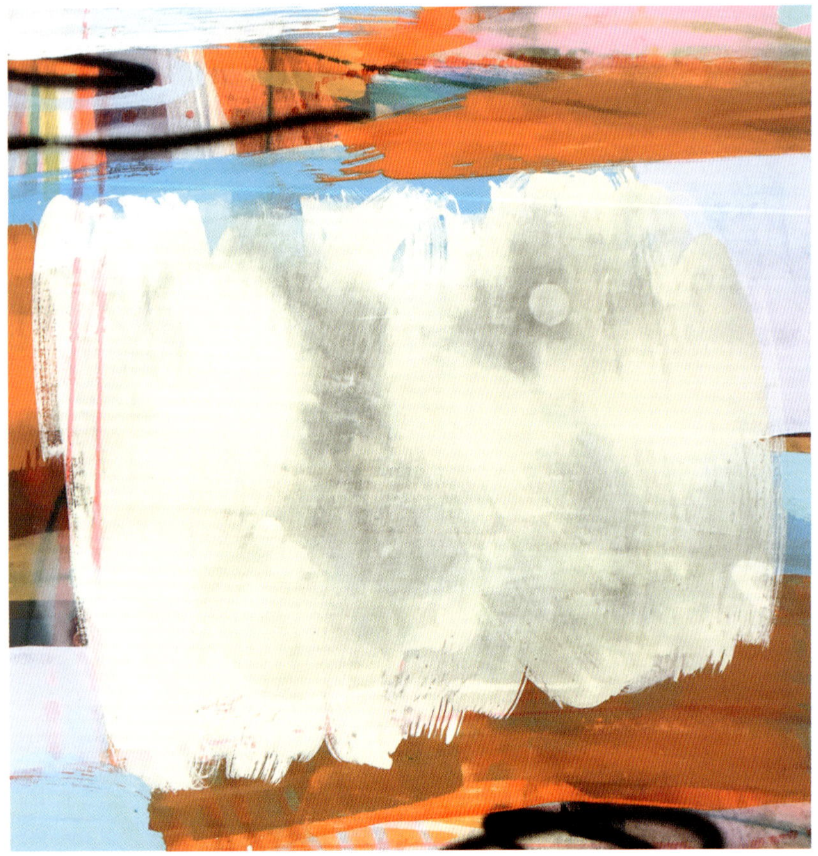

Durchführung

Bei dieser Übung geht es ums Lernen und Experimentieren. Wenn Sie nie experimentieren und Neues ausprobieren, werden Sie auch nie erfahren, was zu den besten Ergebnissen führen könnte. Es gibt immer neue Wege zu erkunden.

- **Tragen Sie zu Anfang großflächig Farbe auf die Leinwand auf. Sie sollten die Leinwand beim Arbeiten immer als Ganzes denken und im weiteren Verlauf detailliertere Bildschwerpunkte hinzufügen.**
- **Lassen Sie jede Farbschicht trocknen, bevor Sie die nächste aufbringen. So bleiben die Farben klar und Sie vermeiden unbeabsichtigtes Vermischen, was die Farben leicht stumpf macht.**

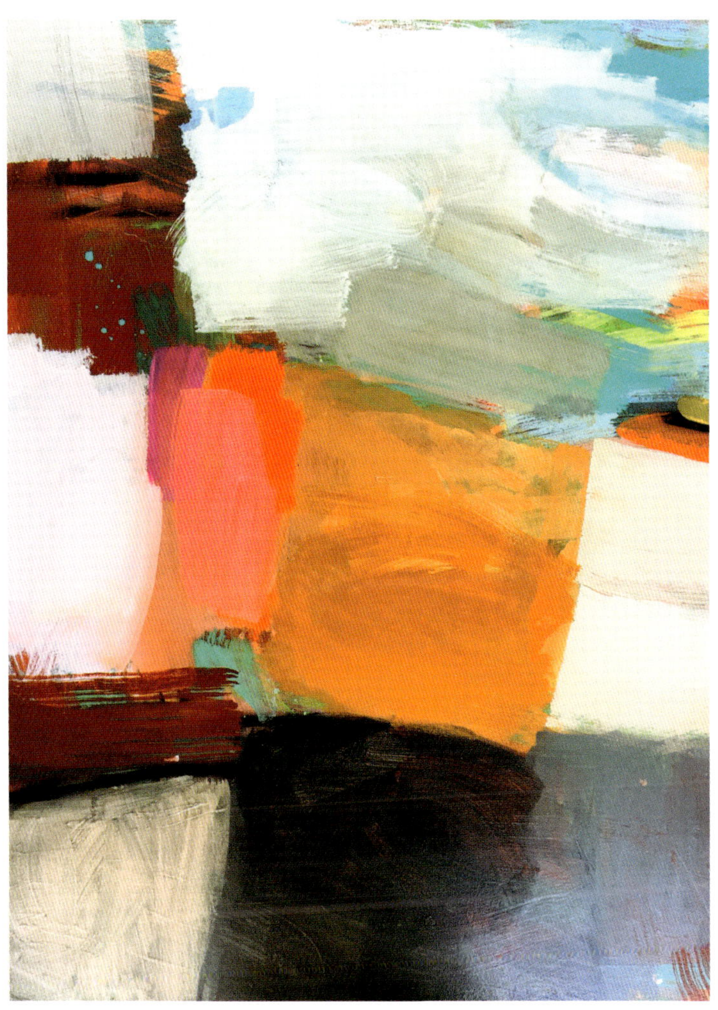

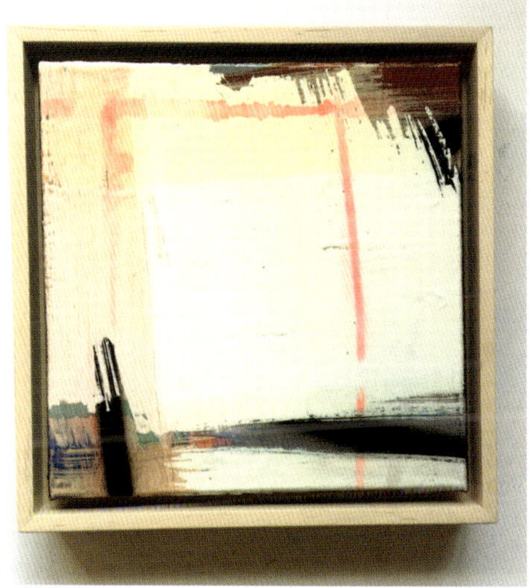

- Betrachten Sie nach jeder Schicht den Fortschritt und fragen Sie sich:

  Arbeiten die Materialien zusammen oder bekämpfen sie sich?

  Ergänzen sich bestimmte Materialien oder führen sie zu Verwirrung?

- Schauen Sie genau hin, welche Farbkombinationen durch Schichten, Lavuren und Transparenzen entstehen. Mit Transparenzen und Lavuren sind überlappende, durchscheinende Farben gemeint, die neue Farben erzeugen und dem Bild Tiefe geben.

  Ergeben Spuren und Linien interessante Strukturen und definierte Bereiche?

  Hat sich Ihre Auswahl an unkonventionellen Materialien bewährt?

  Würden Sie sie bei künftigen Projekten wieder verwenden?

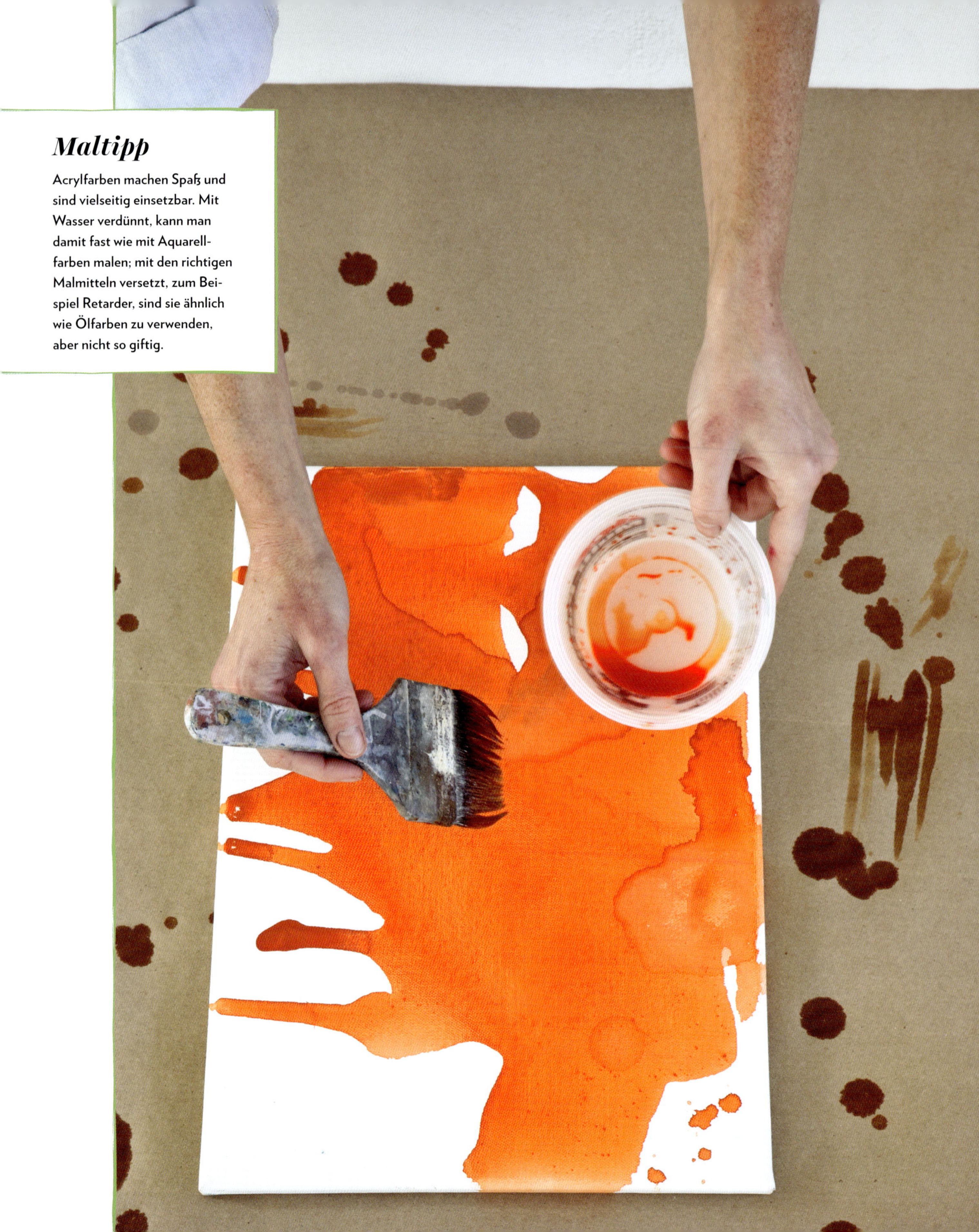

Maltipp

Acrylfarben machen Spaß und sind vielseitig einsetzbar. Mit Wasser verdünnt, kann man damit fast wie mit Aquarellfarben malen; mit den richtigen Malmitteln versetzt, zum Beispiel Retarder, sind sie ähnlich wie Ölfarben zu verwenden, aber nicht so giftig.

ÜBUNG 16

Improvisation in der Kunst

Mit dem Gießen von Farben experimentieren

Bei dieser Übung sollen Sie eine Situation herbeiführen, bei der Sie improvisieren müssen. Dadurch lernen Sie, beim kreativen Arbeiten offener und aufmerksamer zu sein und mit den Materialien zu interagieren. Außerdem schärft die Übung Ihr Auge und Ihren Geist und bestärkt Sie darin, Ihrem Bauchgefühl die Führung zu überlassen.

MATERIAL

- grundierte Leinwand oder Mixed-Media-Papier (ca. 30 × 40 cm oder kleiner)
- Acrylfarben in verschiedenen Farbtönen
- Pinsel in verschiedenen Größen und Formen
- mehrere Behälter mit Wasser zum Mischen

Vorbereitungen

→ Sorgen Sie zunächst dafür, dass Ihr Arbeitsbereich gut abgedeckt ist.

→ Wählen Sie für diese Übung eine Vielzahl von Farben aus, die Sie in möglichst vielen Tonwerten auftragen, denn dann sehen Sie beim Arbeiten leichter die Schichten und das Ganze wird obendrein interessanter.

→ Gießen Sie ein wenig Acrylfarbe in einen Becher, fügen Sie die gleiche Menge Wasser hinzu und rühren Sie um, bis beides gut vermischt ist. Das Wasser macht die Acrylfarbe flüssiger.

Durchführung

→ Gießen Sie das Farbe-Wasser-Gemisch langsam auf den flachen Malgrund. Überlassen Sie die Komposition ruhig erst einmal dem Zufall.

→ Die Farbe sollte vollkommen trocknen – mehrere Stunden oder über Nacht – ohne dass Sie sie irgendwie weiter bearbeiten. Wegen des zugefügten Wassers dauert das länger; es ist auch davon abhängig, ob Sie auf grundierter Leinwand arbeiten oder auf Papier. Auf Papier trocknet die Farbe schneller, weil es einen Teil des Wassers aufsaugt. Hohe Luftfeuchtigkeit kann die Trocknungszeit extrem verlängern.

→ Welche Formen und Konturen sind entstanden? Wie ist die Farbe zusammengelaufen, wo gibt es Spritzer und Tropfen? Drehen Sie den Bildträger und betrachten ihn von verschiedenen Seiten. Welchen Blickwinkel finden Sie am spannendsten?

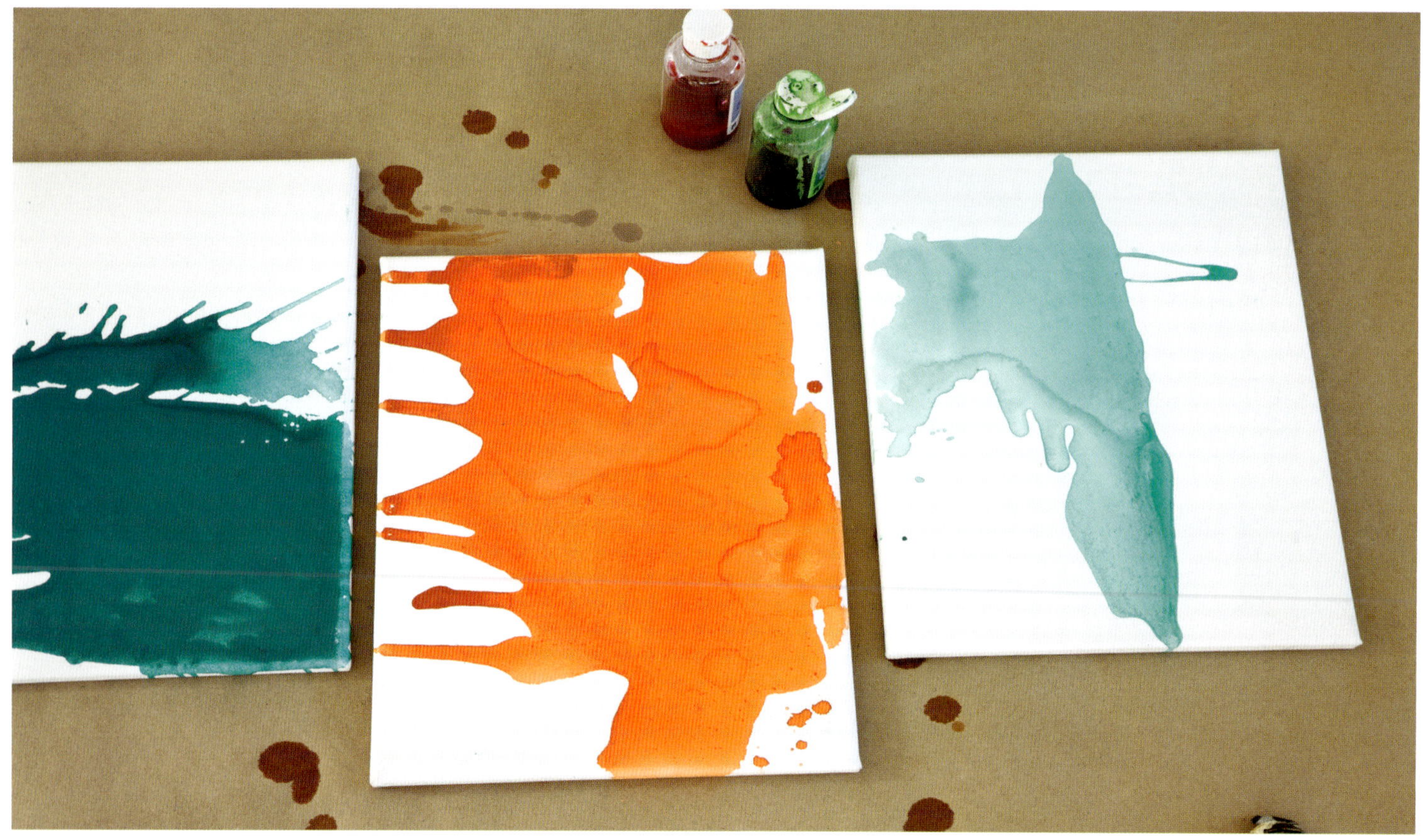

- Jetzt geht es ans Improvisieren. Materialen reagieren oft auf unerwartete Art und Weise. Es liegt an Ihnen, es zu akzeptieren und in Ihre Arbeit zu integrieren.
- Fügen Sie weitere Farben hinzu, eine Schicht nach der anderen. Lassen Sie jede Schicht trocknen, bevor Sie die nächste auftragen. Beim Mischen können Farben matschig werden und ihre ursprüngliche Leuchtkraft verlieren.
- Lassen Sie einige der ungeplanten und visuell interessanten Tropfen und Pfützen aus den unteren Schichten sichtbar.
- Nutzen Sie die Trocknungszeiten, um ein paar Schritte (oder mehr) zurückzutreten, das Bild als Ganzes zu betrachten und darüber nachzudenken.
- Überlassen Sie die Entscheidungen Ihrem Instinkt. Fügen Sie weitere Schichten hinzu, decken Sie bestimmte Bereiche ab oder lassen sie einfach in Ruhe.

Durch diese kurze Übung sollen Sie lernen, sich mit Ihren Entscheidungen wohler zu fühlen. Nach und nach sehen Sie, welche Teile für die Komposition wichtig sind und welche nicht. Vor allem aber lernen Sie, Zurückhaltung zu üben. Besonders beim Schaffen von abstrakter Kunst ist Zurückhaltung ein wichtiger Aspekt.

Ein realistisches Gemälde können Betrachter leicht verstehen. Sie müssen nicht raten, was sie sehen. Bestimmte Objekte, Farben und Konturen erfasst unser Gehirn automatisch. Über Abstraktion muss der Betrachter genauso nachdenken und sie analysieren wie der Künstler. Zurückhaltung spielt dabei im künstlerischen Prozess keine geringe Rolle, denn ein Werk, das zu oft überarbeitet wurde und vollgestopft, überkompliziert und/oder verworren ist, ist schwer zugänglich. Es frustriert und verwirrt die Betrachter.

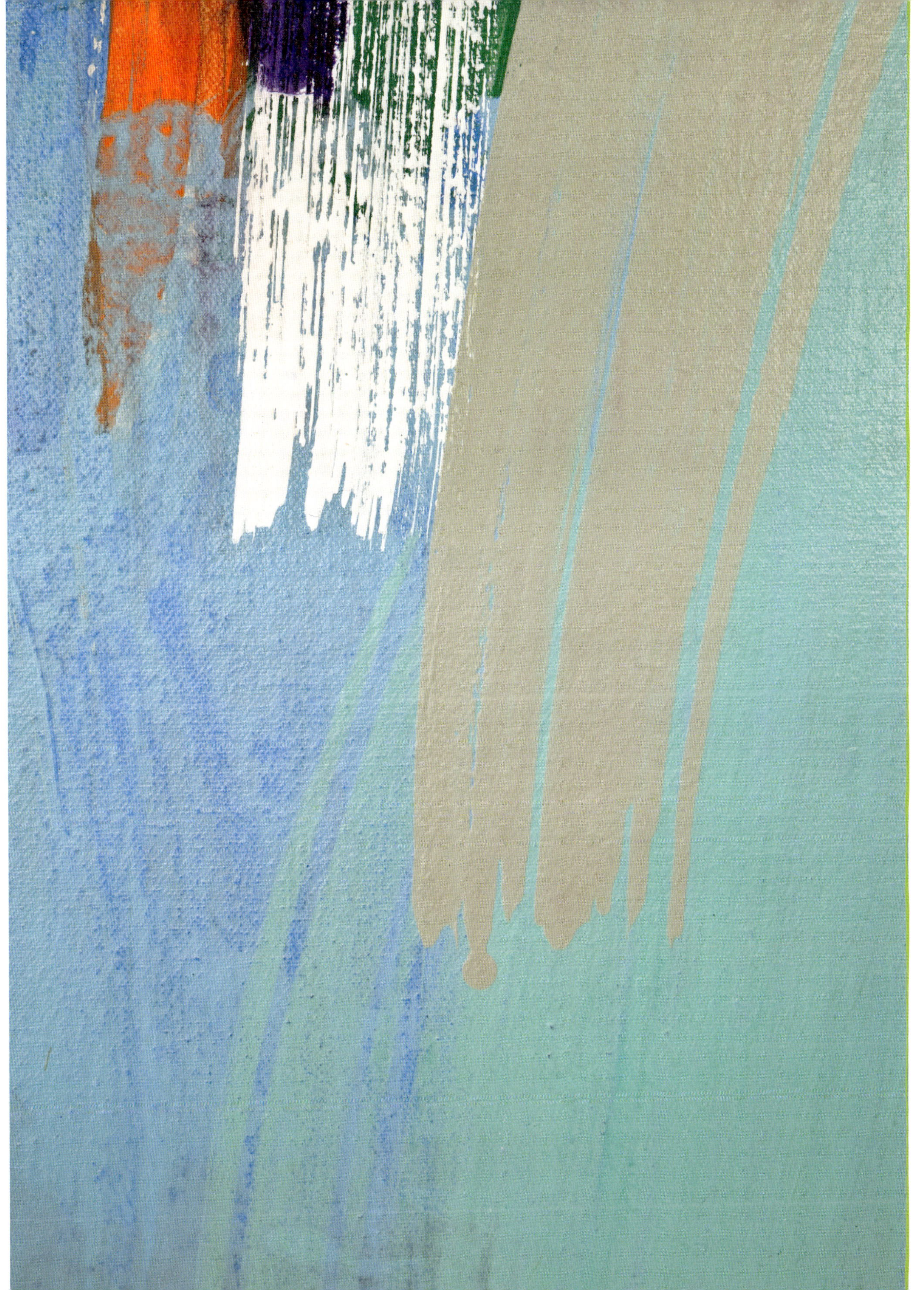

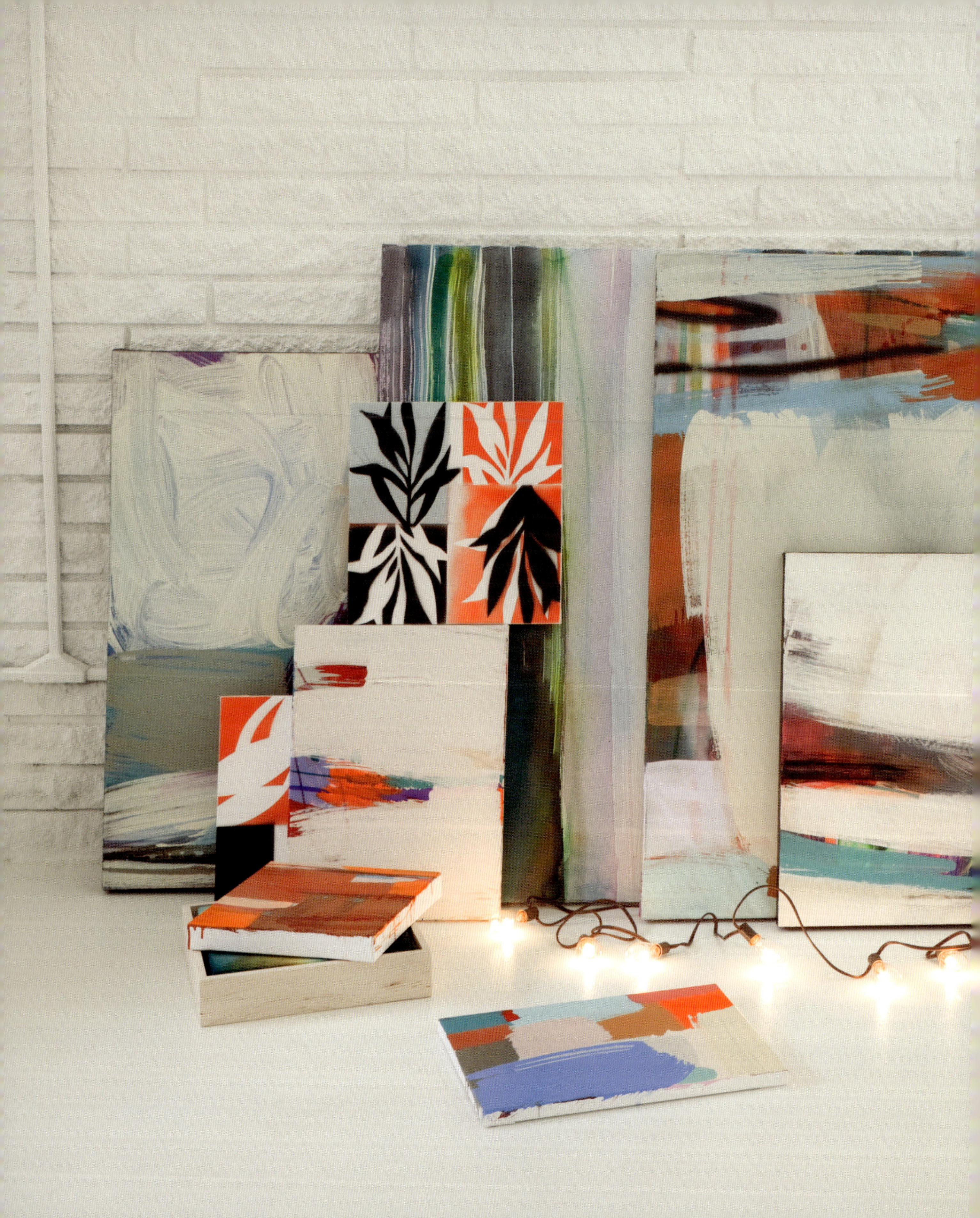

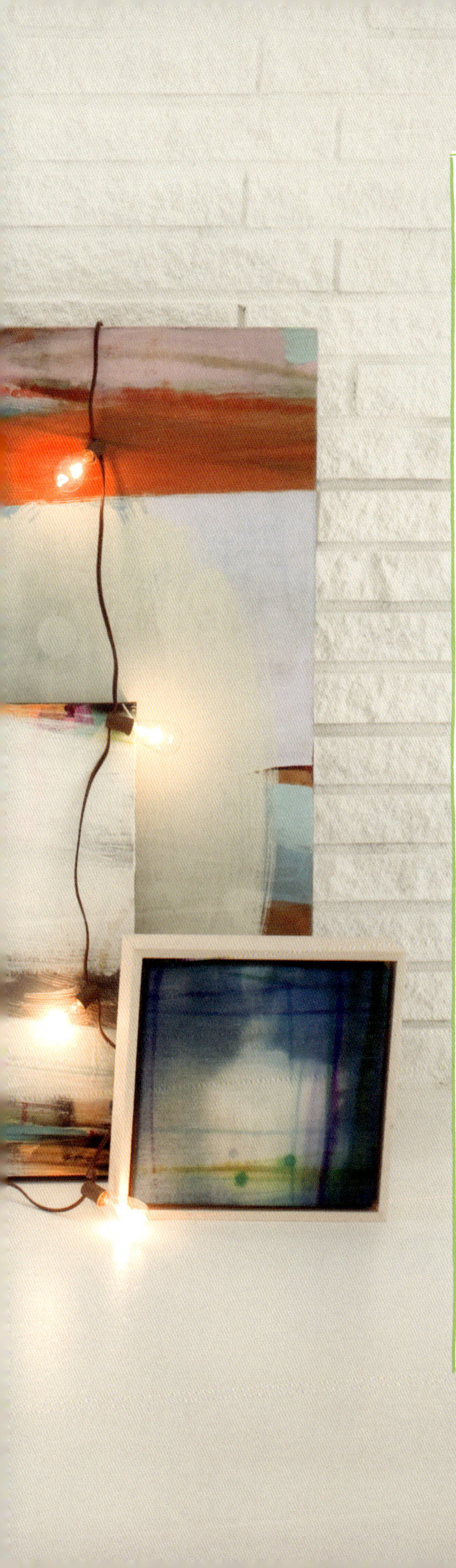

Weitermachen, pausieren oder neu anfangen

Vielen Künstlern fällt es schwer, loszulassen und neu anzufangen. Sie haben schon zu viel Zeit und Mühe in eine Arbeit investiert, um sie aufzugeben. Am Anfang blieben meine Werke oft ungelöst und unvollendet. Ich war frustriert, durcheinander und unsicher, wie ich sie zum Abschluss bringen sollte. Und woher sollte ich überhaupt wissen, wann etwas fertig war? Ich hätte wirklich nicht so viel Zeit und Energie auf diesen Zustand vergeuden sollen. Lernen Sie aus meinen Fehlern!

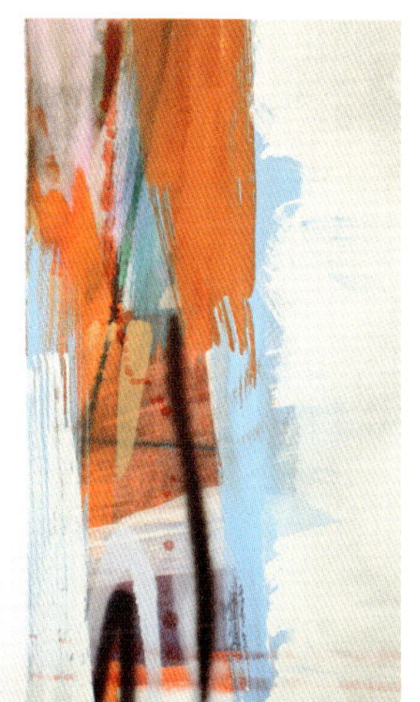

Es ist eine ziemliche Herausforderung, doch wenn Sie sie meistern, gewinnen Sie neues Selbstbewusstsein. Gestehen Sie sich zu, dass allein Sie für Ihre Kunstwerke verantwortlich sind, dann sparen Sie Zeit und schonen vor allem Ihre Nerven. Ihre Arbeit ist Ausdruck Ihrer persönlichen Vision; Sie haben es in der Hand, in Zeiten von Unentschlossenheit und Frust einfach weiterzumachen, zu pausieren und mit frischem Blick zu Ihrer Arbeit zurückzukehren oder ganz neu anzufangen. Künstler entfalten und entwickeln sich zusammen mit ihrem Werk, und manchmal ist das, was Sie gestern gemalt haben, einfach nicht das, wer Sie heute sind.

Eine befreundete Künstlerin hat einmal zu mir gesagt: »In der Kunst ist nichts kostbar.« Kann sein, dass Sie – genau wie ich einmal – denken, dieselben Spuren oder exakt dieser Farbton werden Ihnen nie wieder gelingen. Mag sein, doch das Wissen, das Sie erwerben, während Sie diese Arbeiten schaffen, ist nicht verloren und wird Sie ganz gewiss durch Ihr nächstes Werk tragen

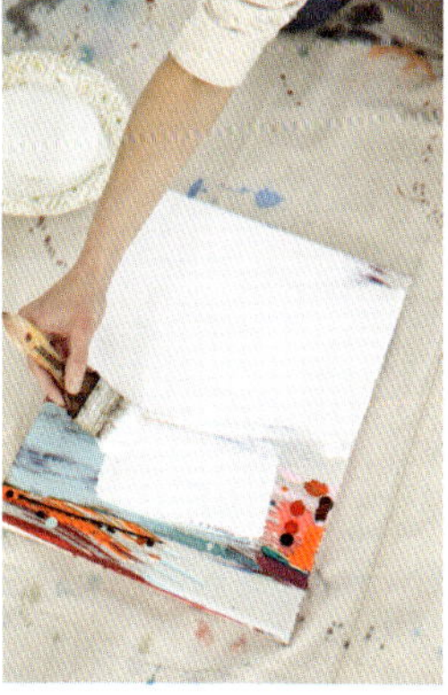

Wenn Sie schöpferisch tätig sein wollen, müssen Sie Risiken eingehen. Risiko heißt, etwas Kostbares potenziellem Schaden oder Verlust auszuliefern. Fehler passieren. Was Sie als Künstler oder Künstlerin – und damit Ihre Kunst – formt, ist der Prozess. Das fertige Werk ist das Ergebnis des Wunsches, diesen Prozess zu durchleben. Fehler sind unvermeidlich, also gestehen Sie sich zu, sie anzunehmen, daraus zu lernen und weiterzumachen.

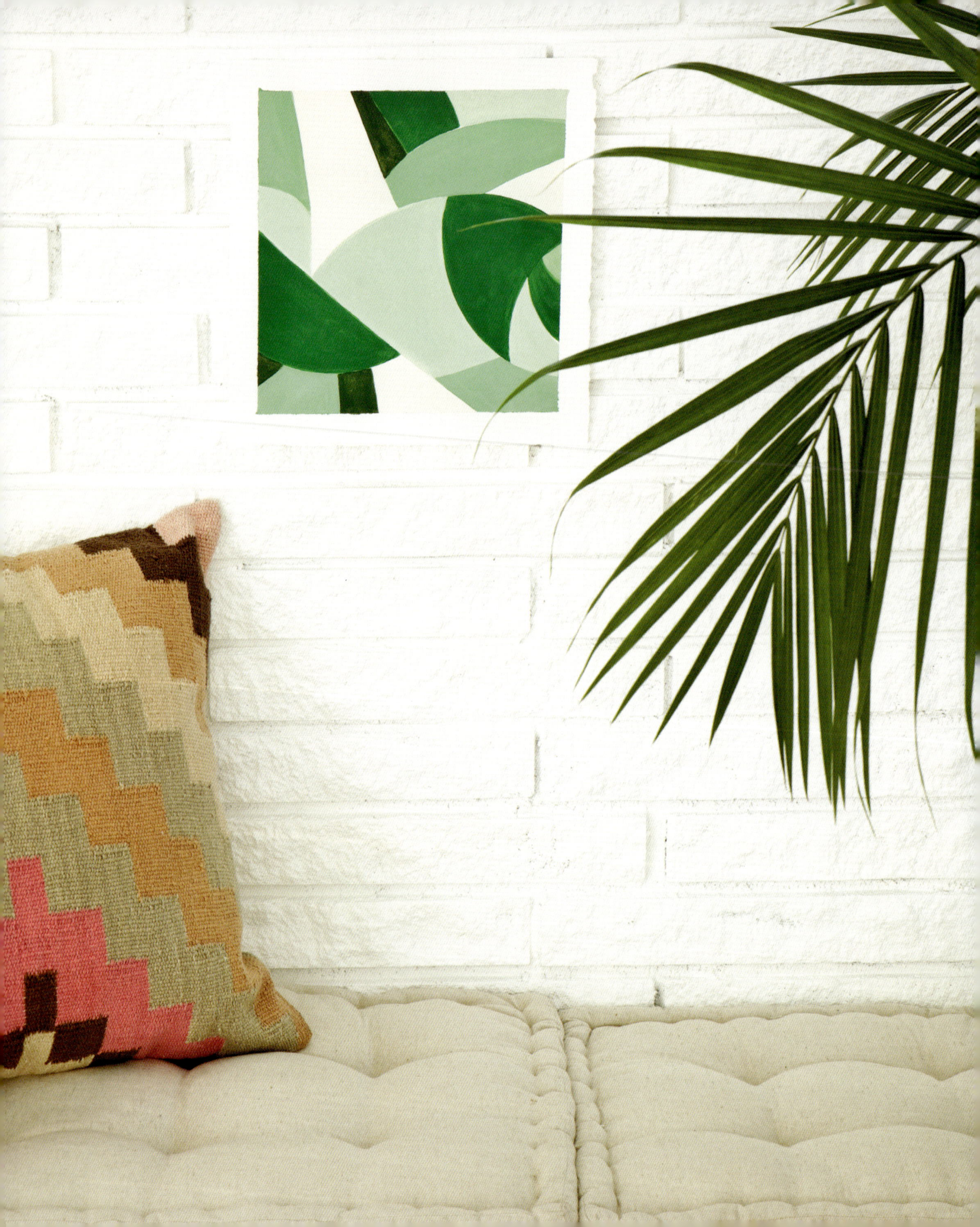

8. KAPITEL

FARBE

»Die Farbe hilft das Licht auszudrücken; nicht das physikalische Phänomen, aber das einzige tatsächlich existierende Licht, nämlich jenes im Kopf des Künstlers.«

HENRI MATISSE

Bei abstrakter und zeitgenössischer Kunst spielen Farben eine bedeutende Rolle. Doch bei allem, was bei der Verwendung von Farbe zu berücksichtigen ist – wie Tonwert, Sättigung, Farbtöne, Komplementärfarben und das Mischen von Farben –, kann ihre Verwendung eine beängstigende Sache sein. Selbst wenn Sie ein Fan neutraler oder monochromer Malerei sind, sollten Sie die Verwendung aller Farben und das, was sie beim Betrachten hervorrufen, verstehen und schätzen lernen.

Die nächsten beiden Übungen sind eine erste Einführung in die Sprache der Farben. Ich mache Sie mit zwei Meistern bekannt, in deren Werk Farben eine bedeutende Rolle spielen.

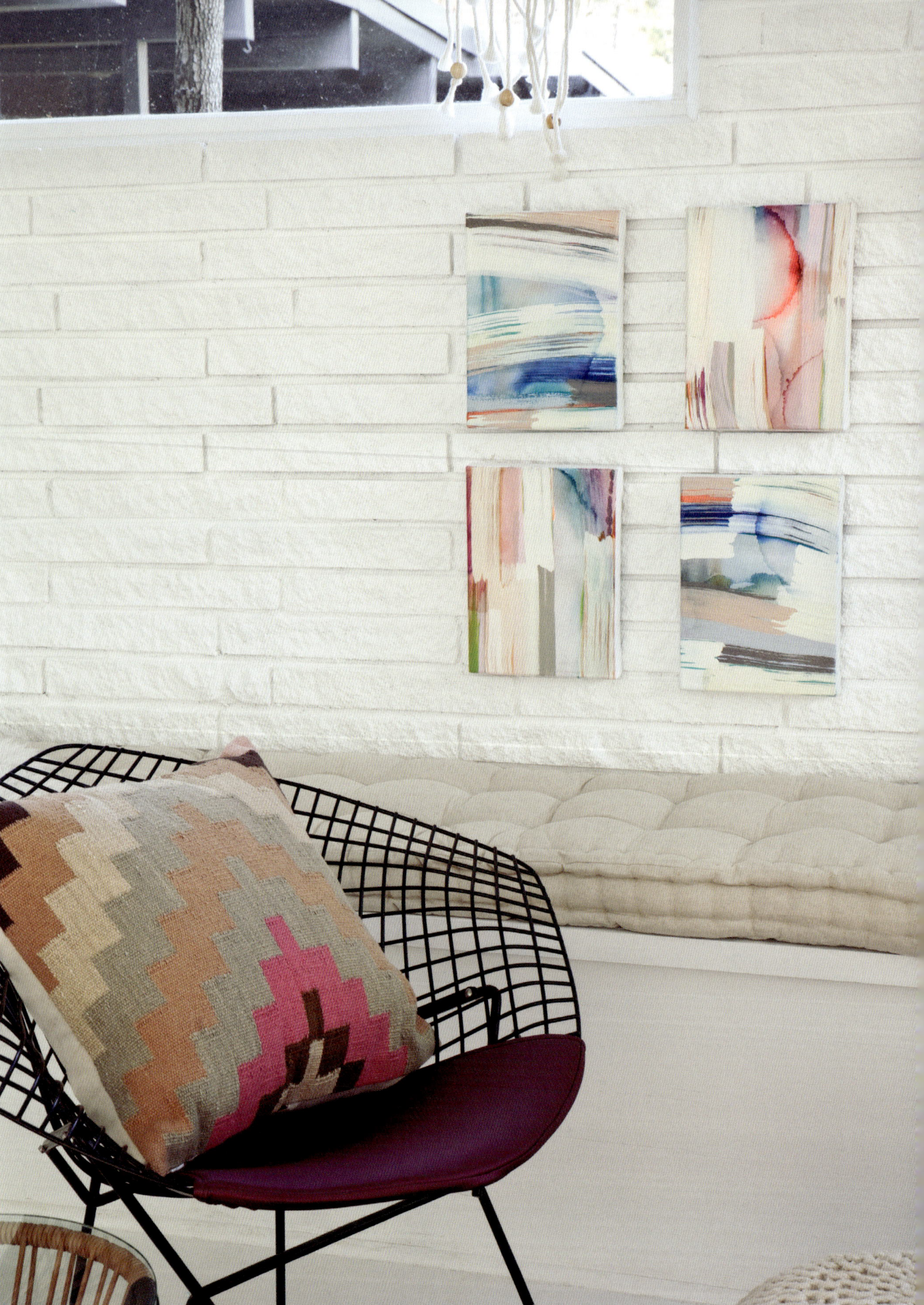

ÜBUNG 17

Die Sprache der Farben

Durch Kontraste etwas über Farben lernen

Farben können in abstrakter Kunst und Malerei unleugbar großes Gewicht haben. Sie rufen Emotionen und Erinnerungen hervor, vermitteln Botschaften und können sogar bestimmte Gefühlslagen wecken. In verschiedenen Kulturen haben Farben ganz unterschiedliche symbolische Bedeutungen. Spricht man von Farben als visueller Sprache, so ist der Rückgriff auf ihre kulturelle Symbolik eine Möglichkeit, eine Botschaft zu übermitteln.

Eine andere ist, die Gefühle und Stimmungen anzupeilen, die durch die Farben selbst hervorgerufen werden. In westlichen Kulturen steht Rot in der Regel für Leidenschaft, Liebe oder Zorn. Blau symbolisiert oft Wasser oder Himmel und führt in einen Zustand der Ruhe und des Wohlbefindens. Wählen Sie für diese Übung aus der folgenden Liste drei Farben aus.

Farbauswahl:

- → Rot
- → Orange
- → Gelb
- → Grün
- → Blau
- → Lila

MATERIAL

- runde und flache Pinsel in verschiedenen Größen (etwa 4, 6 und 8)
- drei Blätter dickes Mixed-Media-Papier (ca. 30 × 30 cm)
- 2,5 cm breites Malerkrepp
- weiße und schwarze Farbe
- drei Farben Ihrer Wahl
- Lineal (30 cm)
- Drehbleistift HB

TIPP ▸ Drehbleistifte sind praktisch zum Vorzeichnen. Die Mine ist ziemlich hart, was zarte Linien ergibt, die zudem gleichmäßig breit sind, ohne dass man dauernd neu anspitzen muss.

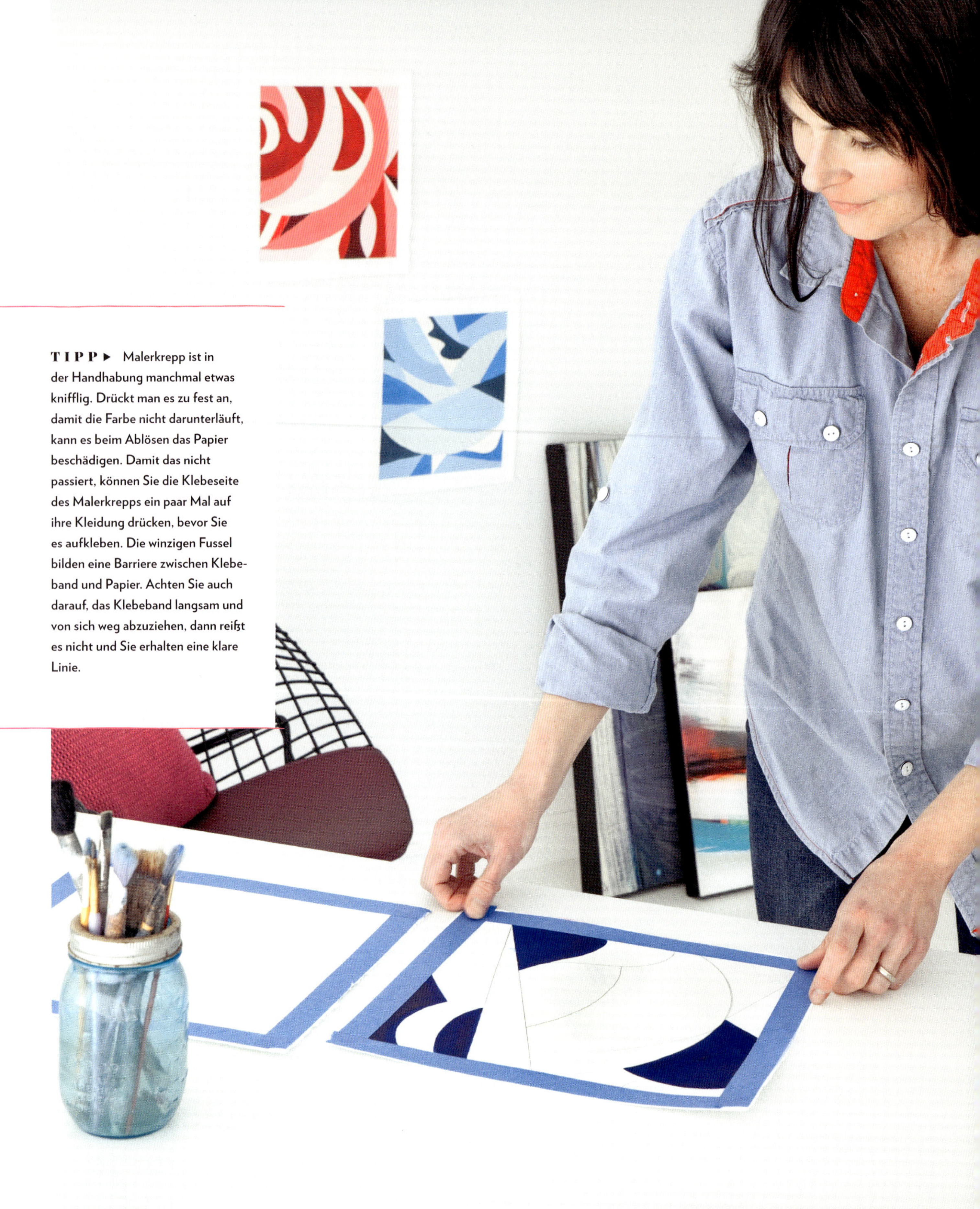

TIPP ▸ Malerkrepp ist in der Handhabung manchmal etwas knifflig. Drückt man es zu fest an, damit die Farbe nicht darunterläuft, kann es beim Ablösen das Papier beschädigen. Damit das nicht passiert, können Sie die Klebeseite des Malerkrepps ein paar Mal auf ihre Kleidung drücken, bevor Sie es aufkleben. Die winzigen Fussel bilden eine Barriere zwischen Klebeband und Papier. Achten Sie auch darauf, das Klebeband langsam und von sich weg abzuziehen, dann reißt es nicht und Sie erhalten eine klare Linie.

Vorbereitungen

Messen Sie auf den drei Blättern in der Mitte je ein Quadrat von 25 × 25 cm und kleben Sie es mit Malerkrepp ab. Drücken Sie es fest an.

Durchführung

→ Sobald die Blätter vorbereitet sind, zeichnen Sie mit zarten Linien auf jedes Blatt fünfzehn bis zwanzig unterschiedlich große geometrische oder organische Formen. Jedes Quadrat ist für eine der drei ausgewählten Farben bestimmt.

→ Mit Weiß und Schwarz können Sie die Farben, je nach Vorliebe, aufhellen oder abdunkeln. Dies ist eine sehr einfache Technik, um den Helligkeitskontrast einer Farbe zu verändern, mit der Sie ein besseres Verständnis der »Sprache« Ihrer Grundfarbe erwerben. Selbstverständlich könnten Sie Blau/Grün-, Orange/Rot- und andere Farbtöne mischen, doch das würde die reine Qualität der ursprünglichen Farbe verändern. Mit Schwarz und Weiß variieren Sie nur die Helligkeit – den Tonwert – der Farbe und nicht ihr Fundament.

→ Jetzt malen Sie alle Formen aus, indem Sie jedes Mal mit unterschiedlich viel Schwarz oder Weiß einen anderen Kontrast erzeugen. Sie sehen und spüren, wie die ursprüngliche Farbe manipuliert werden kann, um ihre einzigartige Sprache auszuloten.

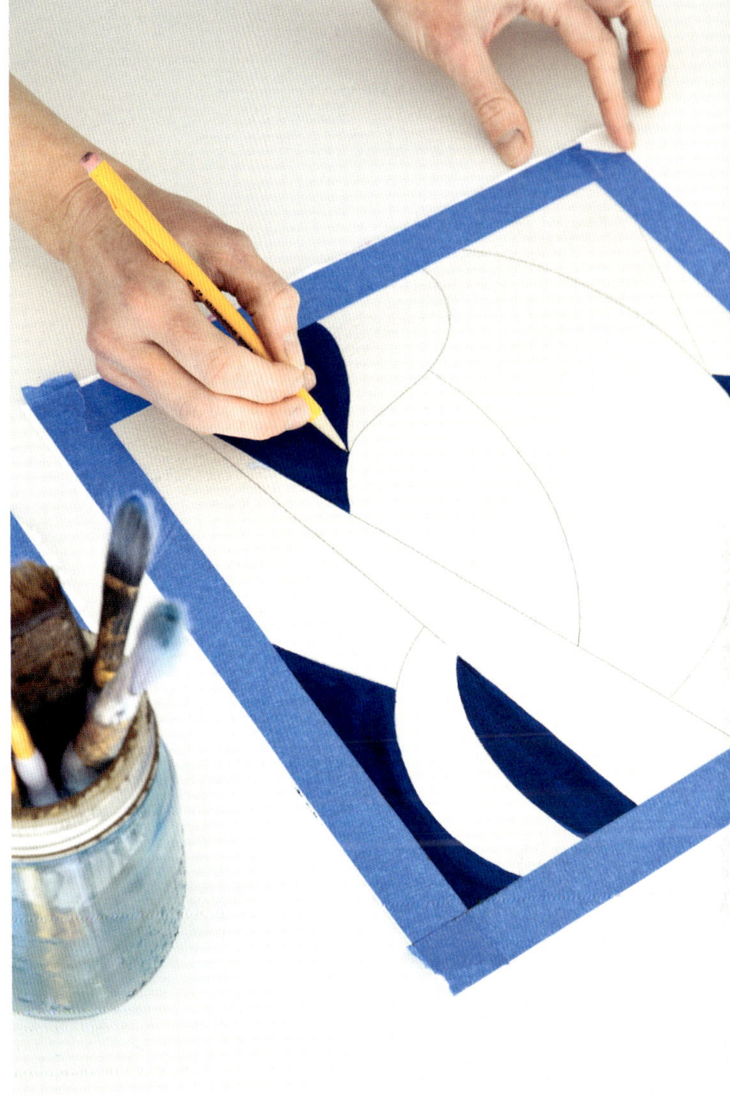

TIPP ▸ Behalten Sie in Bezug auf die Komposition im Hinterkopf, dass hellere Farben vor dem Auge zurückweichen und dunklere Farben hervortreten.

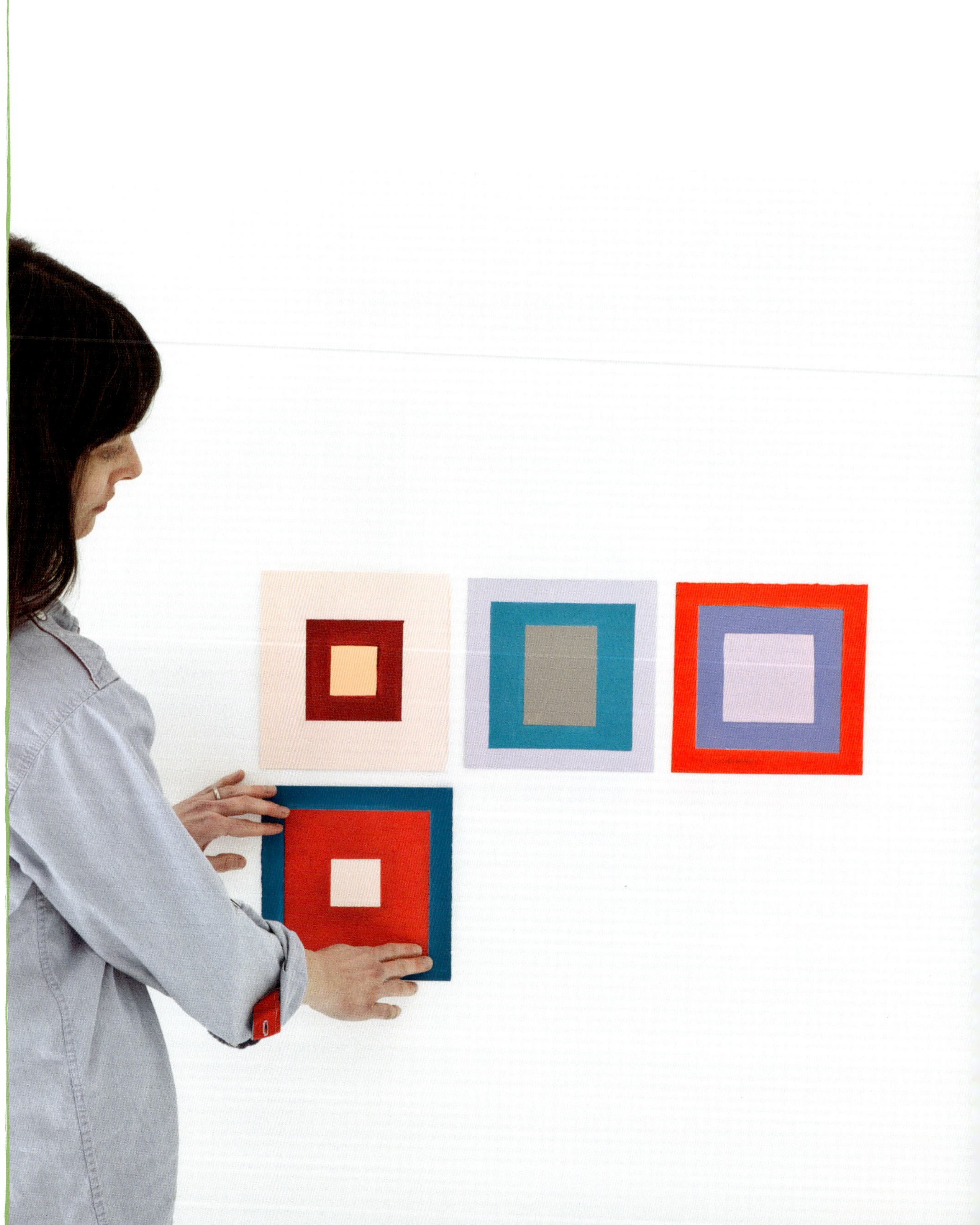

ÜBUNG 18

Wie Farben zusammen wirken

Auf den Spuren zweier Meister der Farbe

MATERIAL

- ein Blatt satiniertes 300-Gramm-Aquarellpapier oder glattes Mixed-Media-Papier
- Drehbleistift HB
- 2,5 cm breites Malerkrepp
- 15 bis 20 matte Acrylfarben
- zwei oder drei flache Synthetikpinsel mit kurzen Borsten

Josef Albers und Mark Rothko

In diesem Kapitel will ich über Josef Albers (1888–1976) und Mark Rothko (1903–1970) sprechen, zwei moderne Meister abstrakter Malerei, die ihr Leben dem Studium der Farben gewidmet haben. Beide hatten eine lange, erfolgreiche Künstlerlaufbahn und waren äußerst produktiv, konzentrierten sich aber später ganz auf einen bestimmten Stil und Serien.

Rothkos Werk durchlief von den figurativen Anfängen über den Surrealismus mehrere bedeutsame Entwicklungen, bis er zu den reinen Farbkonstellationen seiner bekannten Farbfelder fand. Die großen, hochformatigen Gemälde aus rechteckigen Blocks intensiv leuchtender Farbfelder vor hellen oder dunklen Hintergründen sollten überwältigen und die Betrachter umfangen. In einigen Arbeiten scheinen die Farben fast zu vibrieren, in anderen entsteht dadurch, wie er die Farben schichtet, ein optisches Flackern. Ich liebe dieses Zitat von Rothko über Farben als Sprache der Kunst: »Mein einziges Interesse besteht darin, grundlegende menschliche Gefühle auszudrücken – Tragik, Ekstase, Untergang und so weiter – und die Tatsache, dass viele Menschen in Tränen ausbrechen, wenn sie meine Bilder sehen, zeigt doch, dass ich diese menschlichen Gefühle vermittle […] Die Menschen, die beim Anblick meiner Bilder in Tränen ausbrechen, haben die gleiche religiöse Erfahrung, die ich hatte, als ich sie malte. Und wenn Sie, wie Sie sagen, allein von den Beziehungen der Farben untereinander angerührt sind, dann haben Sie die Bilder nicht verstanden.«

1949 begann Albers mit der Serie »Huldigung an das Quadrat«, in der er die Wechselwirkung der Farbe erforschte und an der er über zwanzig Jahre arbeitete. Alle Werke haben etwa das gleiche Format und bestehen aus drei bis vier ineinander geschachtelten Quadraten, die sich nicht überschneiden. Die Farbflächen führte Albers mit einem Malmesser aus, um die Farbe so dünn wie möglich auf die Bildträger aus Holz aufzubringen. Mit seiner Farbwahl wollte er, ähnlich wie Rothko, verschiedene Stimmungen und visuelle Effekte hervorrufen.

Führen Sie in Anlehnung an Albers' Serie Ihre eigenen Farbstudien durch. Die Schlichtheit der Komposition und die Wiederholung desselben Formats helfen Ihnen, sich ganz auf die Farbkombinationen zu konzentrieren und zu schauen, wie sie sich aufeinander beziehen und miteinander interagieren.

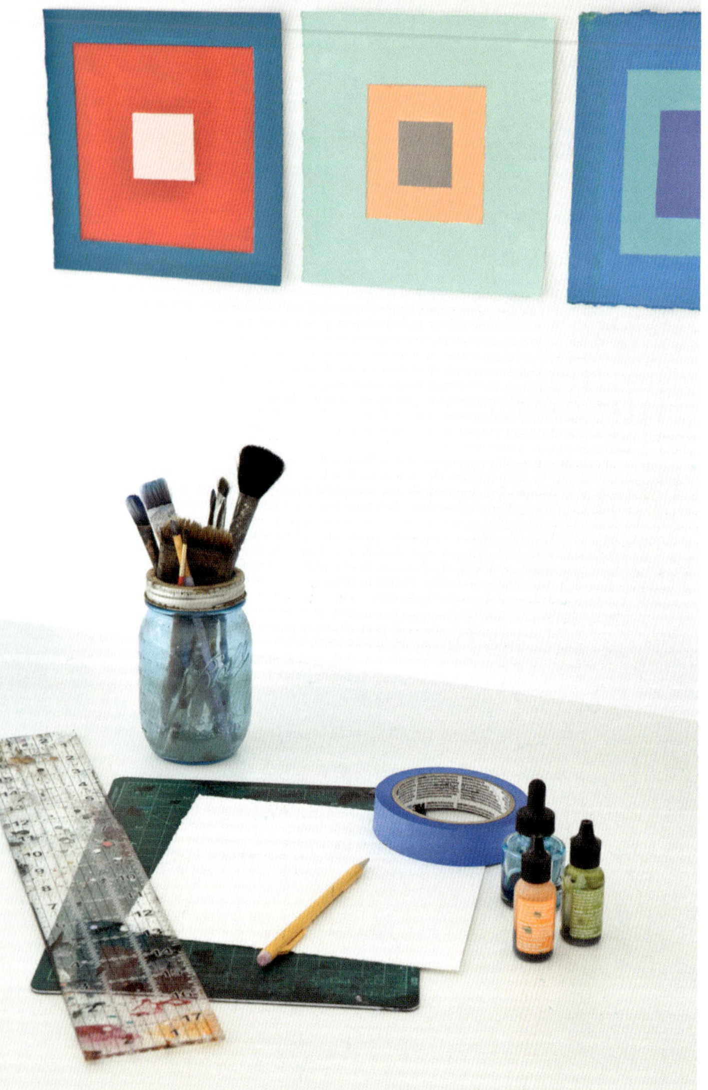

Vorbereitungen

Albers' Materialien, Malmesser auf Holzplatten, erfordern einige Übung. Da es hier um Farbbeziehungen geht und nicht um den Umgang mit bestimmten Malwerkzeugen, bleiben wir bei Papier und Pinsel.

- → Schneiden oder reißen Sie Ihr Papier in sechs Quadrate (20 × 20 cm).
- → Kleben Sie darauf je ein Quadrat von 15 × 15 cm ab.
- → In diesen Rahmen zeichnen sie zart drei oder vier Quadrate. Orientieren Sie sich an Albers' Entwürfen und achten Sie darauf, dass die Quadrate sich nicht überschneiden.
- → Albers' Farbwahl war flach und matt, ohne jede Schattierungen, sichtbare Pinselstriche oder Struktur. Verwenden Sie die Farbe direkt aus der Tube, ohne sie zu mischen und ohne Übergänge oder Ähnliches.
- → Ich empfehle für diese Übung kurze, flache Pinsel. Je kürzer die Borsten, desto leichter ist der Farbauftrag zu kontrollieren. Mit Synthetikpinseln lassen sich sehr homogene Farbflächen auftragen, und hier geht es darum, alle Farbquadrate gleich zu gestalten.

TIPP ▸ Zeichnen Sie zunächst alle sechs quadratischen Kompositionen, denn Sie werden immer wieder von einem Bild zum nächsten wechseln. Während ein Quadrat trocknet, können Sie am nächsten arbeiten, damit der Prozess nicht ins Stocken kommt.

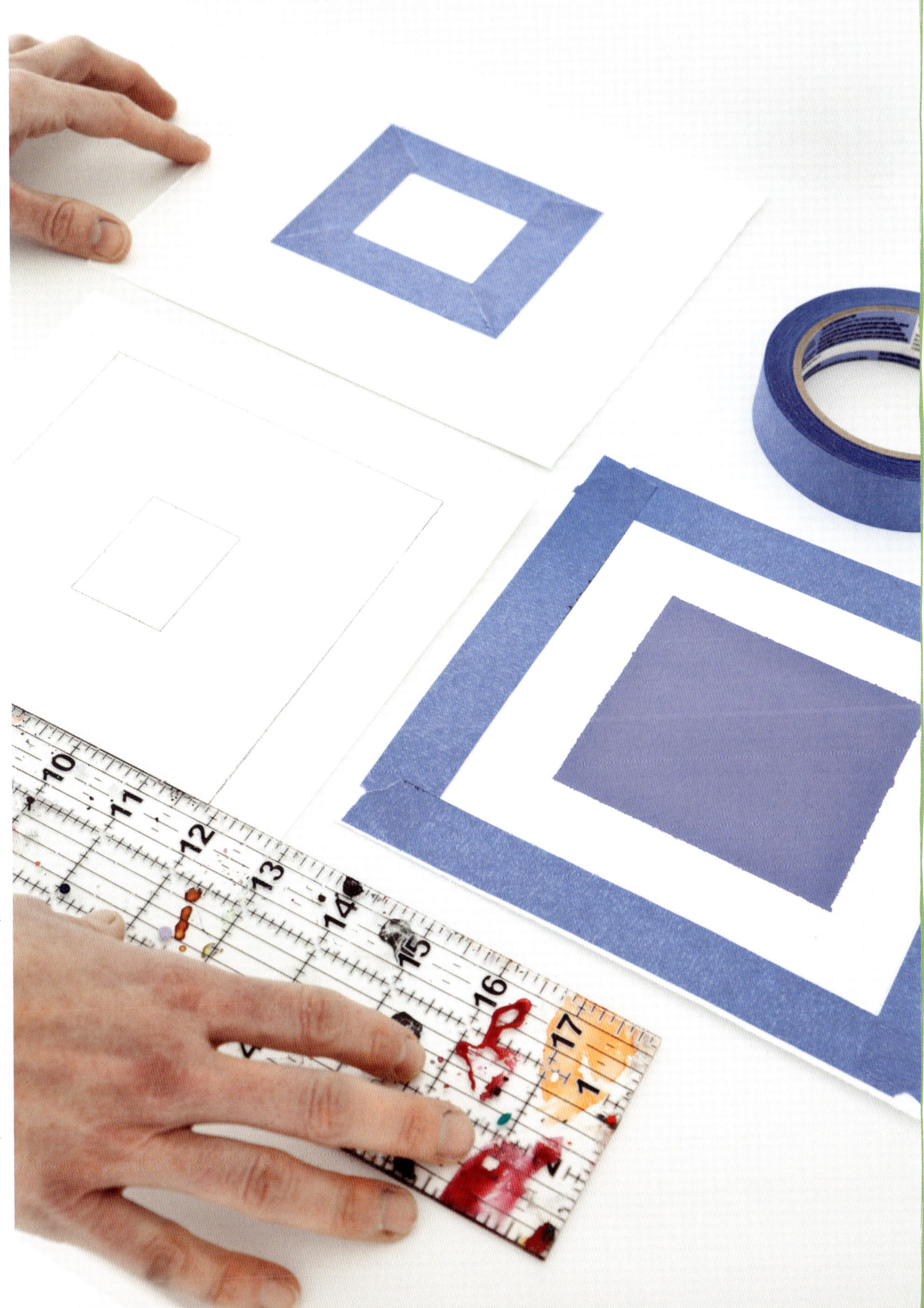

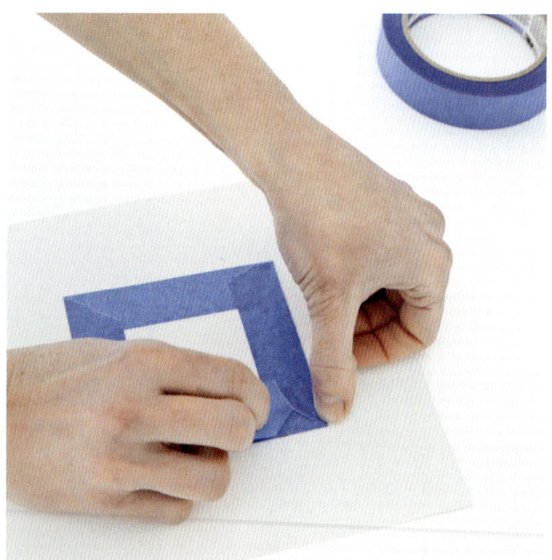

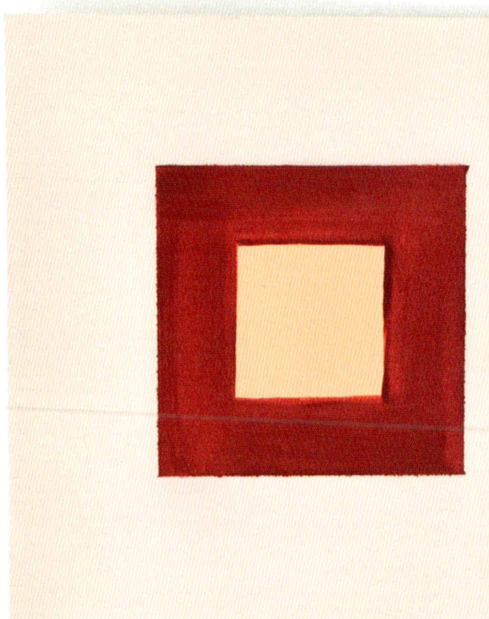

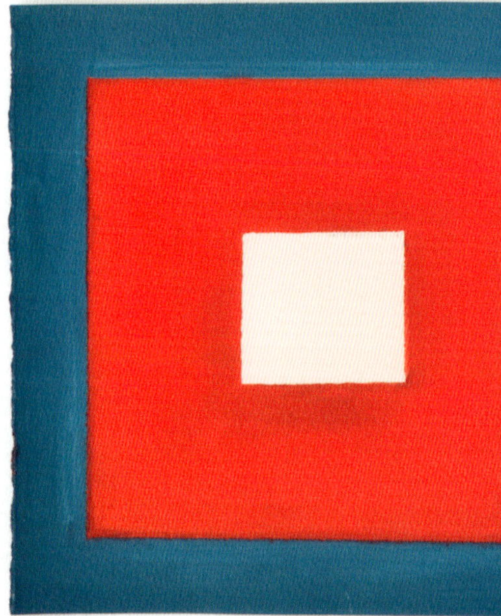

Durchführung

- → Sobald alle Quadrate gezeichnet sind, wählen Sie die erste Farbe und malen damit ein Quadrat aus. Wechseln Sie von Blatt zu Blatt, während die übrigen trocknen. Sie können die Quadrate freihändig ausmalen oder sie einzeln abkleben.
- → Experimentieren Sie mit den Farben. Gestalten Sie ein Blatt zum Beispiel monochrom und variieren Sie bei den anderen die Farben.
- → Um die Beziehungen der Farben in der Wiederholung erkennen und würdigen zu können, malen Sie mindestens sechs solcher Bilder.

TIPP ▸ Wenn Sie ein Quadrat von innen mit Malerkrepp abkleben möchten, setzen Sie mit dem Klebeband an der Innenseite des Quadrats an. Dann drücken Sie mit dem Daumennagel in die Ecke des Quadrats und reißen das Klebeband in einem flachen Winkel ab. Machen Sie das mit den anderen Ecken auch so, und Sie erhalten ein sauberes Quadrat.

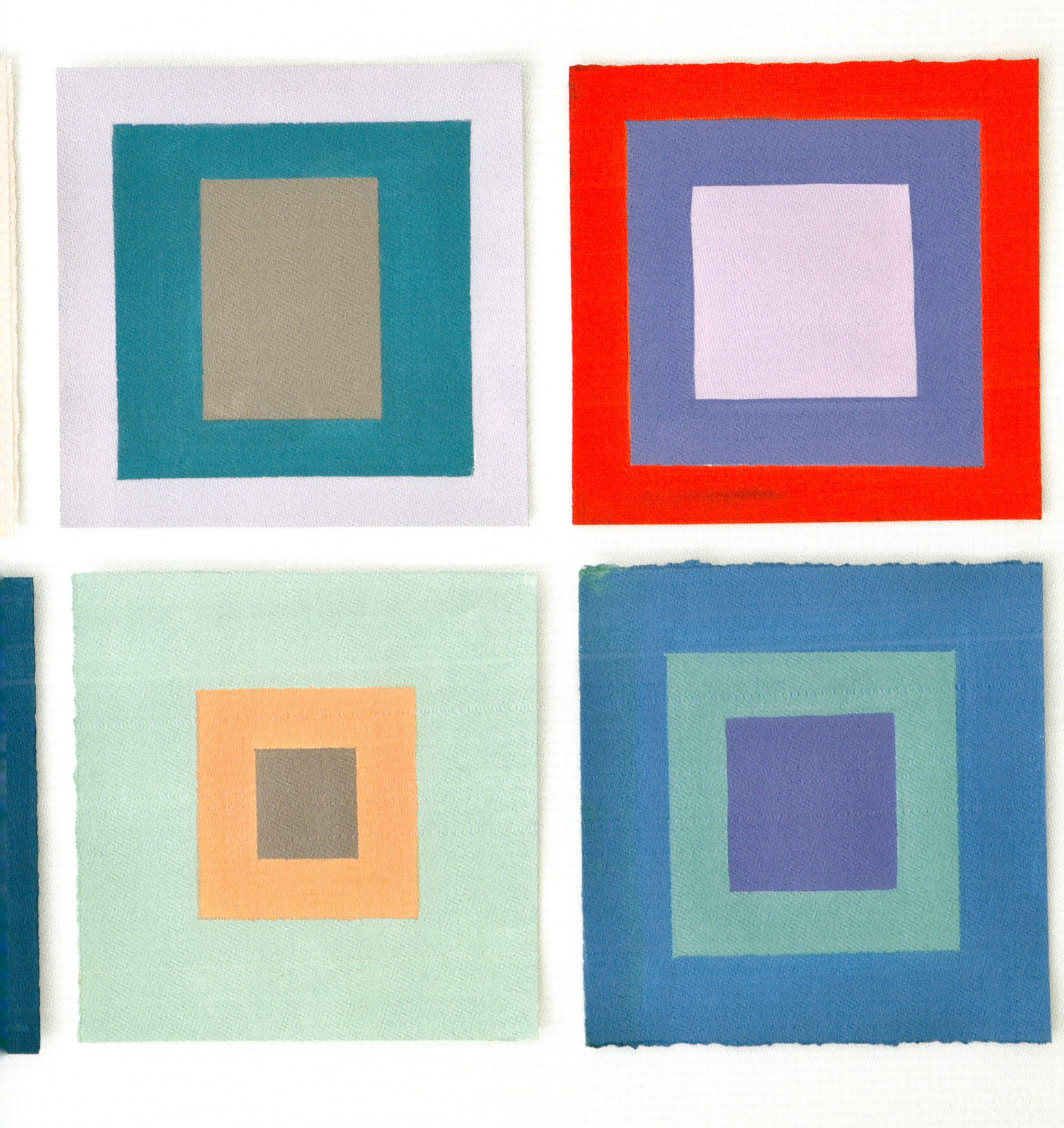

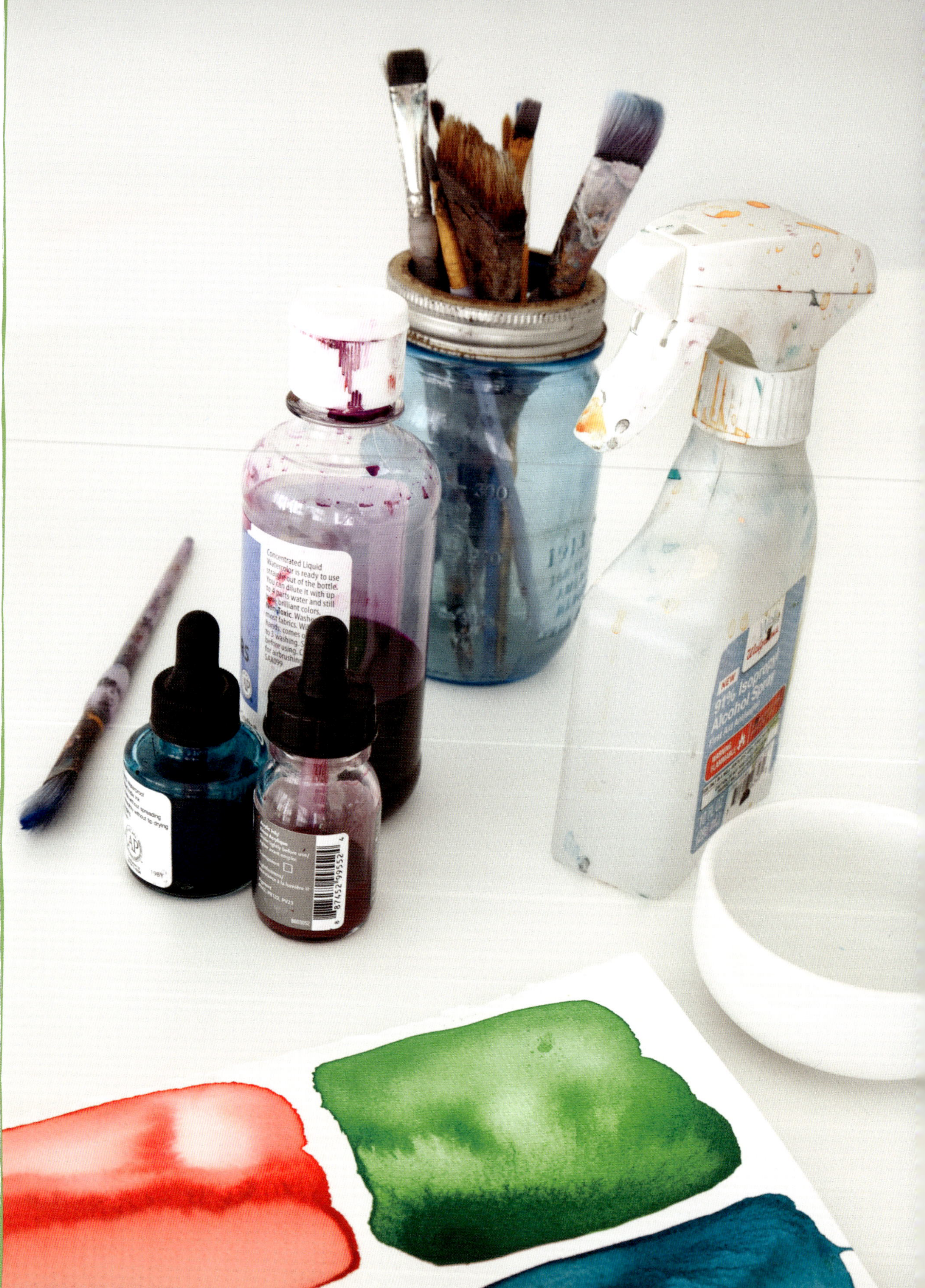
Concentrated Liquid
is ready to use
out of the bottle.
dilute it with up
water and still
brilliant colors.
SAX099
NEW
91% Isopropyl
Alcohol Spray

Bezugsquellen

DEUTSCHLAND

Boesner
www.boesner.com

Creativ-Discount
www.creativ-discount.de

Gerstaecker
www.gerstaecker.de

idee. Creativmarkt
www.idee-shop.com

kreativ.de Hobby-Versand
www.kreativ.de

Kreativ-Depot
www.kreativ-depot.de

Künstlermagazin
www.kuenstlermagazin.de

Kunstpark
www.kunstpark-shop.de

Malstoff
www.malstoff.de

Modulor
www.modulor.de

VBS Hobby Service
www.vbs-hobby.com

ÖSTERREICH

Alois Ebeseder
www.ebeseder.at/shop/

Babsi's Künstler- und Bastelbedarf
www.babsi.at

Boesner
www.boesner.at

Gerstaecker
www.gerstaecker.at

Winkler Schulbedarf
www.winklerschulbedarf.com/at

SCHWEIZ

Boesner
www.boesner.ch

Gerstaecker
www.gerstaecker.ch

Krebser
www.krebser.ch

Lachenmeier Faben
www.lachenmeierfarben.ch

ricardo.ch
www.ricardo.ch

Dank

Zuerst möchte ich meiner Lektorin Mary Ann Hall danken. Sie hat an mich geglaubt und mich durch dieses aufregende Unternehmen – mein erstes Buch – geleitet. Ich hätte mir niemals träumen lassen, dass ich diese Aufgabe je bewältige. Doch als das Projekt sich allmählich entwickelte und nach sehr viel innerer Reflexion und Konzentration wurde mir klar, dass es tatsächlich eine Menge über Kunst und das Dasein als Künstlerin gibt, was ich gern sagen wollte. Ich bin Mary Ann sehr dankbar, dass sie die Weitsicht besaß, es zu bemerken, denn dieses Buch zu schreiben war für mich in professioneller wie in persönlicher Hinsicht ein Segen.

Ohne die Hilfe der äußerst begabten Fotografin Christina Wedge wäre dieses Projekt nichts geworden. Es ist ein visuelles Buch, und ihr Können und ihre künstlerische Intuition springen auf jeder Seite ins Auge. Ich betrachte dieses Buch als Gemeinschaftsarbeit, und ich bin sehr glücklich, dass wir uns über den Weg gelaufen sind.

Meiner Familie danke ich für ihre Liebe und ihre Unterstützung. Sie hat meinen Wunsch, Künstlerin zu werden, nie infrage gestellt, obwohl es eine riskante Berufswahl ist. Meine Eltern haben mich in privaten Kunstkursen angemeldet, als die öffentlichen Schulen nichts im Angebot hatten, und haben mir immer Zugang zu Kunst und Kultur ermöglicht. Mein Mann, der mich sehr unterstützt, hat das ganze Buchmanuskript getippt. Er war einer meiner eifrigsten und ehrlichsten Fans und hat auch in Zeiten an mich geglaubt, als ich es nicht tat. Ich habe das Gefühl, viele Künstler sind, genau wie ich, ihre schlimmsten Kritiker. Die Unterstützung meiner Familie hat mich dahin gebracht, wo ich heute bin.

Nicht zuletzt möchte ich meinen wunderbaren Sohn Bay erwähnen. Er hat mein Leben mit Freude und Glück erfüllt, wie ich es nie für möglich gehalten hätte. Mit ihm sehe ich die Welt jeden Tag aus einer vollkommen neuen und lebendigen Perspektive. Mitzubekommen, wie seine Fantasie am Werk ist, und das Leben durch seine jungen Augen zu betrachten bereichert mich sehr, als Mensch, als Mutter und als Künstlerin.

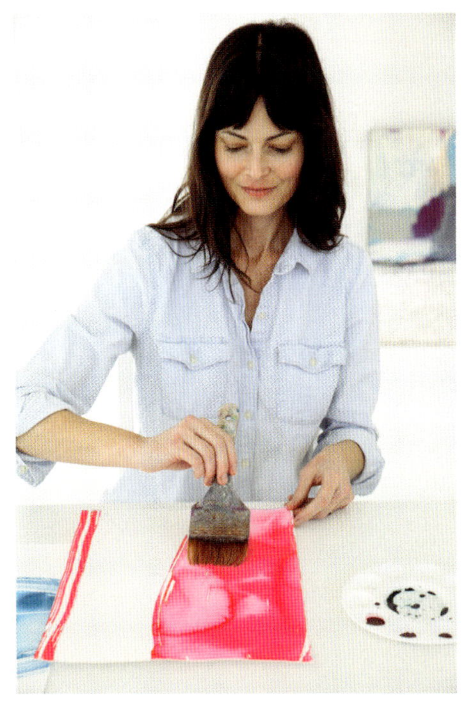

Über die Autorin

Die Künstlerin Eva Magill-Oliver lebt und arbeitet zurzeit in Atlanta. Sie hat an der University of Georgia in Athens studiert und nach ihrem Bachelor-Abschluss als Künstlerin und Gestalterin bei einem Kunstverlag in Atlanta gearbeitet, bevor sie freie Künstlerin wurde. Sie wird in den USA landesweit von mehreren Galerien vertreten und war an verschiedenen Kunst-und-Design-Kooperationen mit berühmten, etablierten Marken und Firmen beteiligt, darunter Anthropologie, Sylvie Thiriez, Schoolhouse Electric, Clémence, Seaworthy Jewelry und Laura Cooke Ceramics. Ihre Arbeiten wurden in verschiedenen nationalen Publikationen veröffentlicht, darunter Flow, Jezebel, House & Garden, GHTV und Topiary (Literaturzeitschrift der Stanford University).

Zeichnen bei dpunkt

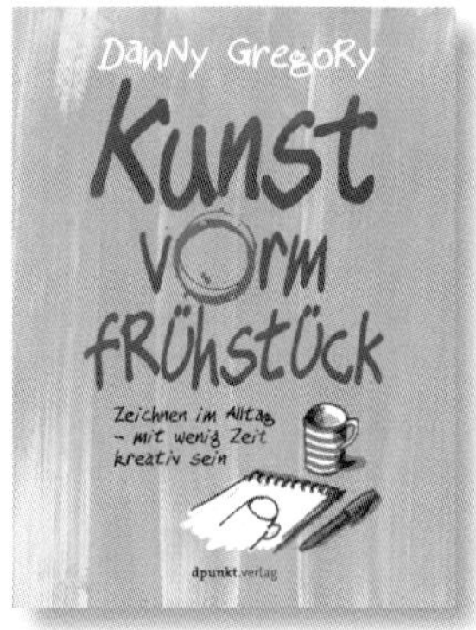

Danny Gregory

Kunst vorm Frühstück

Zeichnen im Alltag – mit wenig Zeit kreativ sein

2017, 160 Seiten
komplett in Farbe, Broschur
€ 19,95 (D)
ISBN 978-3-86490-440-0

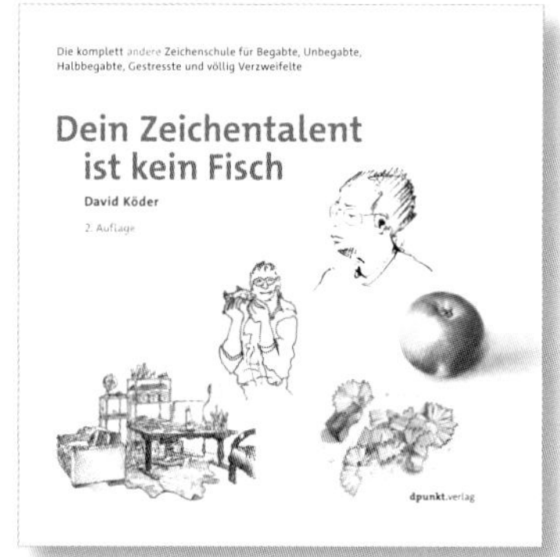

David Köder

Dein Zeichentalent ist kein Fisch

Die komplett andere Zeichenschule für Begabte, Unbegabte, Halbbegabte, Gestresste und völlig Verzweifelte

2. Auflage
2019, 208 Seiten
komplett in Farbe, Festeinband
€ 24,90 (D)
ISBN 978-3-86490-636-7

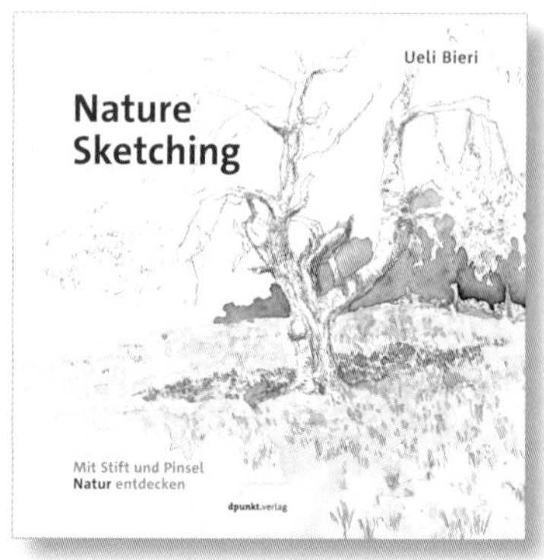

Ueli Bieri

Nature Sketching

Mit Stift und Pinsel
Natur entdecken

2019, 208 Seiten
komplett in Farbe, Festeinband
€ 29,90 (D)
ISBN 978-3-86490-519-3

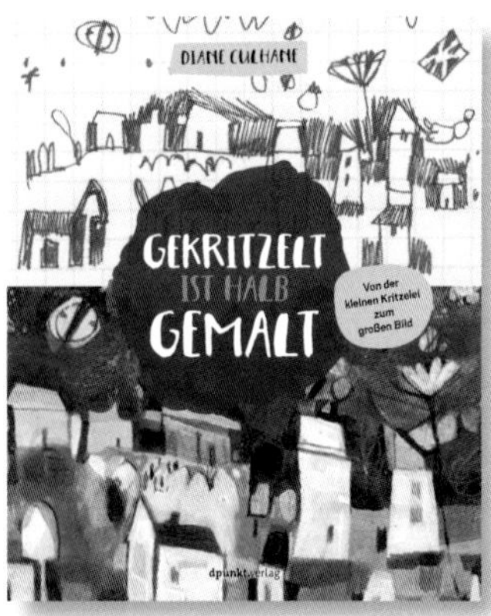

Diane Culhane

Gekritzelt ist halb gemalt

Von der kleinen Kritzelei zum großen Bild

2018, 112 Seiten
komplett in Farbe, Flexcover
€ 19,95 (D)
ISBN 978-3-86490-541-4

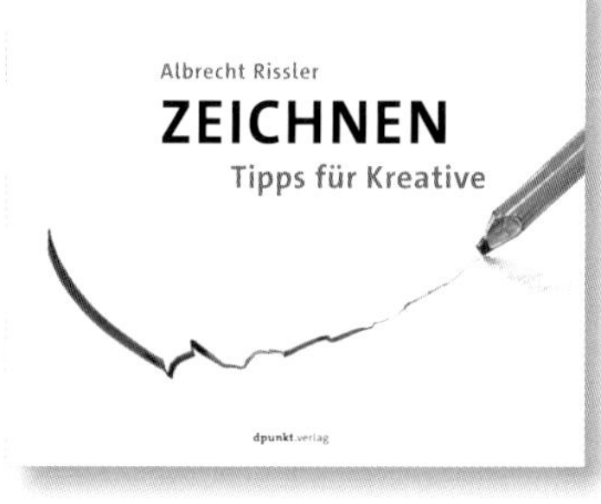

Albrecht Rissler

Zeichnen

Tipps für Kreative

2015, 238 Seiten
komplett in Farbe, Festeinband
€ 29,90 (D)
ISBN 978-3-86490-239-0

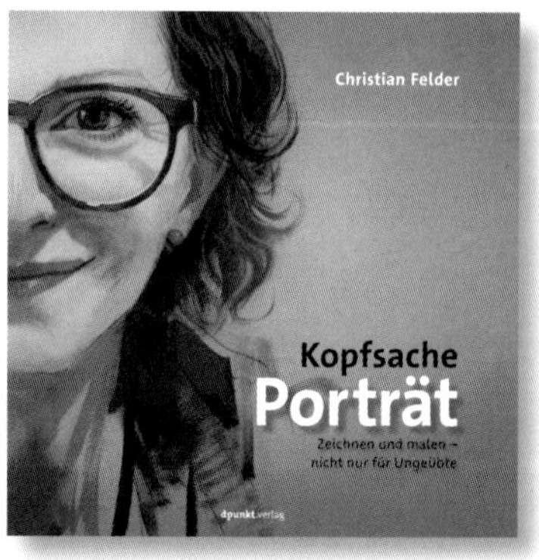

Christian Felder

Kopfsache Porträt

Zeichnen und malen – nicht nur für Ungeübte

2018, 216 Seiten
komplett in Farbe, Festeinband
€ 32,90 (D)
ISBN 978-3-86490-488-2

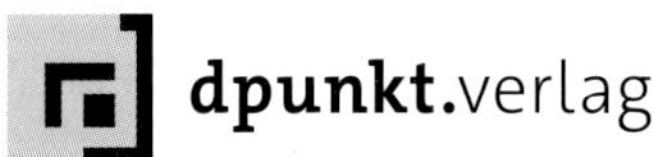

Weitere Titel unter www.dpunkt.de/zeichnen